# 교사의 사회의식 변화: 2005-2009-2014-2019

# 교사의 사회의식 변화

## 2005-2009-2014-2019

정진상 지음

산지니

# 머리말

이 책은 교사의 사회의식을 파악하고 전교조 조직의 상태를 진단하기 위해 전교조 조합원과 일반교사를 대상으로 실시한 설문조사를 분석한 보고서이다. 전교조 창립 30주년을 맞아 참교육연구소와 경상대 사회과학연구원이 공동으로 실시한 이번 대규모 조사는 2005년 처음 시작하여 5년 주기로 행한 정기적인 조사의 네 번째 조사이다. 우리는 약 15년 전인 2005년에 이번 조사와 비슷한 설문지로 조사한 결과를 『교사의 사회의식과 전교조』(한울, 2006)로 출간한 바 있고, 2014년에 조사한 결과를 『교사의 사회의식 변화: 2005-2014』(한울, 2015)로 출간했다. 이 책은 그 후속편인 셈이다.

조사는 설문지의 기획 단계부터 조사 분석에 이르기까지 경상대 사회과학연구원과 전교조 참교육연구소의 긴밀한 협력을 통해 이루어졌다. 교사의 의식 변화를 알아보기 위해 2005년과 2014년 조사 설문지를 토대로 낡은 것은 버리고 새로운 문항을 추가하는 방식으로 조사 설문지 문항을 작성하여 15년간의 의식 변화를 알아보는 한편, 현재 중요한 쟁점이 되고 있는 교육정책과 현안에 대한 의식을 파악하고자 했다. 조사 분석 단계에서는 2005년과 2014년 경상대학교 사회과학연구원 조사와 함께 2009년에 실시한 노동사회연구소 조사(2009년 전국교직원노동조합 조직진단 보고서)의 원자료를 활용하여 시기별 추이에 주목하면서 분석했다.

전교조 참교육연구소장 전경원 선생님은 안팎의 어려운 사정에도 불구하고 이번 조사의 필요성을 잘 알고 조사를 추진하는 데 중요한 역할을 했다. 참교육연구소 여러 선생님들은 현장 교사들의 상황을 잘 파악하고 있는 장점을 살려 설문 문항 작성에서 중요한 역할을 했다. 특히 참교육연구소 오지연 선생님은 누구보다도 많은 노력과 시간을 쏟아 설문지 작성 회의, 표집 작업, 설문조사 작업, 코딩과 자료 입력 등 조사의 전 과정을 총괄하는 역할을 맡았다. 경상대 사회학과 양도원 님은 SPSS 분석표를 엑셀표로 만드는 일을 도와주었다. 이번 대규모 조사가 성공적으로 수행된 것은 이러한 분들의 헌신적인 노력 덕분이었다. 이 모든 분들께 고마움을 전한다.

이 책의 초고는 2020년 2월 10일 전교조 중앙집행위원회에서 발표하여 많은 조언을 구하였다. 장시간의 회의에도 불구하고 조사 분석 결과에 대해 유익한 논평을 해 주신 여러 선생님들께 감사한다. 그리고 경상대 사회과학연구원이 개최한 초고 발표와 토론에서 지적된 사항도 이 책에 반영되어 있다. 특히 학문적 동지로서 평소에도 기탄없는 충고를 해주시는 진주사회과학연구회 동료 교수님들께 고마운 마음을 전한다.

이 책은 전국교직원노동조합이 지원한 연구비로 수행되었다. 재정과 인력을 지원한 전교조와 참교육연구소에 감사한다. 이 조사보고서를 단행본으로 출간하여 일반 독자들을 만나게 해준 산지니에 감사하며, 표와 그래프가 많아 편집에 어려움을 겪었을 편집부에 특별히 감사드린다.

끝으로 이 책이 교사의 사회의식을 정확하게 파악하고 전교조의 바람직한 활동 방향을 모색하는 데 조금이라도 기여했으면 하는 바람이다.

2020년 3월

함취당에서 정진상

# 차례

# 서설

## 1. 조사연구의 배경

첫 번째 조사가 이루어진 2005년부터 약 15년간 한국사회는 상당한 변화를 겪었다. 한국자본주의는 1997년 IMF 외환위기 이후 신자유주의적 세계화의 물결 속으로 급격하게 빨려들어 갔으며, 2008년에는 미국발 세계 금융위기의 여파로 마이너스 성장을 기록하는 등 불황과 저성장 국면이 고착화되었다. 노무현 정부에 이어 2008년에는 이명박 정부, 2013년에는 박근혜 정부로 두 차례 정권교체가 있었으며, 촛불혁명의 결과 2017년에는 문재인 정부가 출범했다.

이러한 정치경제 정세의 변화는 교사의 의식 변화에 일정한 영향을 미쳤을 것으로 추정할 수 있다. 뿐만 아니라 노무현, 이명박, 박근혜 정부를 거치는 동안 입시경쟁 교육과 교육관료 체제의 틀은 강고하게 유지된 채 신자유주의 교육정책이 심화되는 양상을 보였으며, 문재인 정부 출범 후에는 신자유주의 교육정책이 다소 완화되었지만 그 기조가 근본적으로 변하지는 않았다. 이러한 교육정책의 변화는 전교조의 대응에 직접적인 영향을 미치고 교사들의 의식을 변화시켰을 것이다. 대표적인 교원노조인 전교조 안에도 중요한 변화가 있었다.

1999년 합법화된 전교조는 조합원 수가 확대되어 약 10만 명에 육박했으나 2004년 이후 조합원 수가 지속적으로 감소하여 2019년 현재는 4만 8천 명을 약간 넘는 수준이다. 전교조의 이러한 변화는 교사들의 의식과 전교조의 활동에 영향을 미친 것으로 보인다.

### 1) 정치경제 정세의 변화

1960년대 이후 약 30년간 고도 경제성장을 구가해 온 한국자본주의는 1987년 6월항쟁과 1997년 IMF 외환위기를 거치면서 근본적인 변화를 겪었다. 6월항쟁과 잇따른 노동자대투쟁은 임금과 저곡가에 기초한 초과착취체제에 결정적인 타격을 가하여 자본의 구조조정을 강요했다. 한편 1989년 현실사회주의권의 몰락으로 냉전체제가 해체되면서 미국을 중심으로 한 단일한 세계자본주의 체제가 새로운 국제분업질서를 강요했다. 한국 자본주의는 이러한 대내외적 환경 변화에 적절하게 대처하지 못한 채 IMF 경제위기를 거치면서 신자유주의적 세계체제 속으로 급속하게 편입되었다.

1970년대 중반 이후 세계 자본주의의 위기에 대한 대응으로 등장한 신자유주의적 자본주의체제는 대외 개방, 규제 완화, 민영화 및 노동유연화를 통해 자본의 이윤율을 회복하고자 했다. 하지만 자본의 이윤율 회복을 위한 이러한 조치들은 기본적으로 노동자계급의 희생에 기초한 것이기 때문에 궁극적으로 소비시장을 위축시켜 자본의 이윤 실현이 불가능하게 되는 부메랑으로 작용하기 마련이다. 1990년대에 미국을 중심으로 한 신경제와 중국 경제의 부상으로 일시적으로 회복세를 보이던 세계 자본주의가 1990년대 말부터 더 큰 위기로 빠져든 것은 자본의 논리 그 자체의 귀결이라고 보아야 한다.

1997년 외환위기 이후 한국 자본주의는 이러한 신자유주의적 세계체제의 규정력 속에서 저성장 국면이 이어지고 있다. 지배체제는 성장의 동력을 얻기 위해 자유무역협정(FTA)을 통한 재벌 중심의 수출확대와 노동유연화 정책을 계속 추진해 왔다. 하지만 저성장 기조가 고착화되고 있는 가운데 재벌의 경제 지배력이 더욱 커진 반면 실업률이 증가하고 저임금 불안정 노동이 확대되었다. 이로 인해 노동소득분배율이 2010년 이후에는 50%대로 하락하고 대기업 중심의 기업 소득은 급증하여 사회의 양극화가 심화되었으며, 노동계급 내에서도 실업자와 빈곤층이 늘어난 가운데 비정규직 임금이 정규직의 50%에도 못 미치는 등 양극화가 심해졌다. 2008년 미국 발 금융위기 이후에는 이러한 저성장 국면의 장기화 속에서 사회양극화와 노동계급 내부의 양극화가 더욱 심화되었다.

이러한 한국자본주의의 전반적 경향 속에서 노무현 정부가 출범한 2003년부터 현재까지의 정부 정책의 변화를 살펴보자. 노무현 정부는 성장과 분배의 균형을 내세워 전교조와 민노총 등 노동계급의 기대 속에 출범했으나 신자유주의적 자본주의 질서에 급속하게 순응하는 행태를 보였다. 노무현 정부는 분배와 성장의 균형을 내세웠지만 실제로는 한미 FTA를 필두로 대외 경제 개방을 확대하고 동북아 중심국가론과 소득 2만 불 시대 등을 내세우는 등 신성장주의를 추구했다. 한편, 개혁 이데올로기에 고무되어 농민의 수입개방저지 투쟁과 노동운동 등 신자유주의에 반대하는 된 민중 운동이 고조되었지만 노무현 정부는 이러한 운동을 끌어안기보다는 친자본적 입장에서 이를 억압함으로써 기대되었던 경제개혁과는 거리가 멀어졌다.

'747 공약'으로 대표되는 성장 일변도의 정책을 내세우며 집권한 이명박 정부는 2008년 집권 초기 미국 발 금융위기의 여파로 국내총생산이 마이너스 성장을 하는 기록하자, 법인세 감세와 규제완화 정책, 4대강 정비사업 등의 토건사업, 부동산 경기 부양정책, 공공부문 및 의료 민영화 등을 통해 위기를 돌파하고자 했다. 하지만 이러한 단기적이고 인위적인 경기부양정책들은 침체된 경기를 회복하는 데도 효과가 거의 없었을 뿐 아니라 민중의 희생만을 강요한 것이었다. 그로 인해 기업의 구조조정과 정리해고, 임금 삭감, 중소기업과 자영업자의 파산과 몰락, 물가 폭등과 가계부채의 증가 등 민생의 고통이 가중되었다.

박근혜 정부는 온정적 복지주의와 준비된 대통령론을 내세우며 신자유주의 일변도의 이명박 정권과의 차별화를 통해, 경제위기와 신자유주의로 생존의 위기에 몰린 중하층 계층을 일부 포섭하면서 집권하였다. 이명박 정부의 실정에도 불구하고 보수세력이 정권 재창출에 성공한 것은 박정희 정권에 대한 대중적 향수가 강하게 작용한 측면이 컸다. 하지만 집권 1년도 채 되지 않아 박근혜 정권이 내세운 복지공약, 경제민주화, 국민대통합 등의 공약이 선거공학적인 슬로건이었음이 드러났다. 인위적인 경기 부양책에도 불구하고 경제 침체가 계속되어 복지 공약의 어려움이 가중되고, 국정원의 대통령 선거 개입을 둘러싼 논란으로 정치적 위기가 불거지자 박근혜 정부는 유화적인 태도를 버리고 공안탄압과 강권통치로 본색을 드러내었다. 박근혜 정부는 집권 초기 세월호 참사에 대한 부실한 대응으로 정당성이 흔들리고 결정적으로는 이른바 최순실 국정농단 사건이 폭로됨으로써 대규모의 촛불혁명을 불러일으켰고, 결국 대통령이 탄핵됨으로써 막을 내렸다.

촛불혁명의 결과로 집권한 문재인 정부는 집권 초기 이명박, 박근혜 정부의 적폐 청산을 핵심적 과제로 추진하여 일정한 성과를 거두는 한편, 남북문제의 해결에 집중하는 모습을 보였다. 반면, 산적한 사회경제적 의제에 대해서는 대통령 선거공약에서 내걸었던 근본적인 전환보다는 다가올 선거를 의식하여 여론에 이끌려 단기적 대응을 하는 데 그쳤다. 그 때문에 점점 개혁 의지가 퇴색하고 성과 또한 변변치 않아 집권 초기 누리던 높은 국정 지지율이 급속하게 하락했다.

### 2) 교육정세의 변화

한국 교육정세의 지형을 규정하는 주요한 요인들에는 다음과 같은 몇 가지가 있다. 한국 교육을 옥죄고 있는 주범을 말할 것도 없이 입시경쟁 교육이다. 중등교육은 물론이고 이제는 초등교육과 심지어 유치원 교육까지 대학입시경쟁과 취업경쟁에 압도당하고 있는 것이 한국 교육의 가장 중요한 특징이자 고질병이다. 이로 인해 초중등 교육은 본연의 역할을 제대로 하지 못하고 대학입시에 종속되고 교사와 학생의 교수 · 학습은 소외되어 있다. 이러한 모순을 완화하기 위해 역대 정부가 추진해온 정책은 대학입시 개선 정책이었다. 정권이 바뀔 때마다 예외 없이 대학입시 개선정책과 사교육비 경감대책이 나왔지만 입시경쟁과 사교육은 갈수록 심해져 왔다. 뿐만 아니라 수능시험, 수시전형, 입학사정관제 등 변화된 대학입시 정책은 학부모의 경제력과 문화자본에 더욱 심하게 좌우되어 교육이 계층 이동의 통로가 아니라 계급 재생산의 기제로 확고하게 자리 잡아 왔다.

둘째로 일제 강점기에 확립되어 그 근간이 유지되고 있는 교육관료체제가 한국 교육정세를 규정하는 중요한 요인으로 작동하고 있다. 역대 정부는 교육관료체제를 통해 국가의 교육통제와 지배이데올로기를 강요함으로써 교사, 학생, 학부모 등 교육주체들과 끊임없이 갈등을 빚어왔다. 교육관료체제의 핵심 고리는 각급 학교 최일선의 교장체제인데, 교사들에 대한 실질적인 인사권을 쥐고 있는 교장은 관리자나 조력자로 봉사하기보다는 지휘관이자 지배자로 군림한다. 이 때문에 교사는 교실의 학생들을 향하기보다는 교무실의 교장을 먼저 살펴야 하는 것이 현실이다. 교육관료체제는 전교조의 합법화와 일부 교장공모제의 도입으로 약간의 균열이 생긴 것이 사실이지만, 교원평가와 성과급제 등 신자유주의 정책과 결합되면서 그 위력이 여전히 유지되고 있다.

셋째로 1995년 5·31 교육개혁 이후 본격적으로 도입된 신자유주의 교육정책과 이데올로기는 갈수록 그 지배력이 커졌다. '세계화'와 '수요자 중심의 교육'이라는 수사를 동원하며 도입된 신자유주의 교육은 교육을 시장화하여 교육공공성을 해체하는 효과를 발휘해 왔다. 그것은 교육의 대외 개방을 통해 교육공공성 담론에 타격을 가하는 한편, 교원평가제를 통해 교사들에 대한 통제력을 강화하는 효과가 있다. 뿐만 아니라 신자유주의 교육정책은 균열이 생긴 교육관료체제를 보완하여 교사들을 통제하는 효과가 있다.

마지막으로 정부의 전교조에 대한 이데올로기 공세가 상수로 존재해 왔다. 1989년 '참교육'을 기치로 법외노조로 출범한 전교조는 창립 초기부터 1,500여명에 이르는 대규모 해직 등 정부의 탄압을 받아왔다. 전교조는 1999년 김대중 정부의 노사개혁의 일환으로 합법화되었으나 약 10년간의 합법화투쟁 기간 동안에 각인된 과격한 이미지로 인해 대중 속으로 파고드는 데 어려움을 겪었다. 게다가 교육관료체제를 통한 교사 통제에 전교조가 가장 큰 걸림돌이라고 여긴 역대 정부는 전교조의 그러한 과격한 이미지를 적극적으로 이용하여 이데올로기 공세를 펼쳐 전교조에 대한 다양한 형태의 탄압을 정당화하고자 했다. 이 때문에 정부의 전교조에 대한 탄압 정책과 이에 대한 전교조의 대응은 교육정세에 중요한 변수로 작용해 왔다.

이러한 몇 가지 요인을 고려하여 지난 15년간 교육정세의 변화를 살펴보자. 2003년 전교조 조합원을 비롯한 교사들의 압도적인 지지를 받아 등장한 노무현 정부는 교육개혁에 상당한 기대감을 불러일으켰다. 노무현 정부는 출범 당시 학벌타파와 사립학교법 개정 등 개혁 의제를 제시했으며 전교조도 합법화 이후 약 10만 명에 육박하는 조합원을 확보하는 등 급속하게 성장하여 교육개혁의 주체로 나설만한 충분한 역량을 갖추고 있었다. 하지만 노무현 정부는 집권 초기 NEIS(교육행정정보시스템)를 둘러싼 전교조와의 대립으로 개혁의 동력을 상실하면서 신자유주의 정책에 의존했다. 노무현 정부는 한미 FTA를 통해 교육개방을 추진하는가 하면 교원평가제를 도입함으로써 개혁의 주요한 동력으로 간주된 교사 대중의 저항을 자초했다. 이런 가운데에서도 전교조는 공교육개편운동, 대학평준화운동, 사립학교법 개정운동 등 교육개혁운동을 대대적으로 전개했으나 정부의 정책 방향과 충돌하면서 성과를 내기가 힘들었다.

이명박 정부는 5.31 교육개혁에서 시작된 신자유주의 교육정책을 극단적으로 밀어붙였다. 이명박 정부는 자율형 사립고 확대, 일제고사 등을 통해 입시경쟁교육과 교육불평등 구조를 더욱 강화하고, 입학사정관제 등을 통한 대학입시 자율화, 외국인 학교 영리법인화 등을 통한 학교의 시장화, 교원평가와 성과급제를 통한 교원통제 강화 등 신자유주의 정책을 전면화하는 한편, 역사 교과서 수정과 도덕 및 사회과 교육과정 개정을 추진하는 등 신보수주의 이데올로기를 한층 강화했다. 전교조에 대한 탄압도 노골적으로 전개되었다. 뉴라이트 세력을 통한 이데올로기 공세를 펴는 한편, 일제고사와 시국선언에 대한 무리한 교사 징계를 감행하고 단체교섭을 무력화하는 시도를 통해 이른바 '전교조 죽이기'에 전면적으로 나섰다. 이러한 강도 높은 신자유주의 정책으로 교육양극화가 심화되자, 교사들 뿐 아니라 일반 국민들의 불만도 커졌다. 이는 2010년 지방선거에서 서울과 경기 등 6개 지역에서 진보적 성향의 교육감이 당선되는 결과로 나타났다. 진보적 성향의 교육감들은 '혁신학교'를 통해 학교현장을 바꾸려는 시도를 하는 등 새로운 활력을 불러일으켰다.

박근혜 정부는 이명박 정부의 신자유주의 경쟁교육체제의 기본 골격을 유지하면서도 신자유주의 교육정책으로 인한 대중의 불만을 무마하려는 의도로 온정주의적 교육복지 정책을 내세웠다. 초등 돌봄학교 확대, 고교무상교육, 학급당 학생수 감축, 대학반값 등록금 등이 대표적인 교육복지 공약이었다. 하지만 이러한 공약은 예산 증액을 수반하기 때문에 경제가 회복되지 않고 조세부담을 늘이지 않는 한 실행하기 어려운 것이어서 집권 후 1년도 지나지 않아 대부분 후퇴하거나 파기되었다. 그 대신 국정원 대선 개입 사태로 인한 정치적 위기를 맞아 박근혜 정부는 반동적 정책으로 선회했다. 박근혜 정부는 교학사 한국사 교과서 살리기에 나서고 전교조에 대한 이념 공세를 강화하는 한편, 전교조의 해직교사 조합원 자격 부여를 빌미로 전교조의 법외노조화를 시도하여 본격적으로 전교조 죽이기에 나섰다. 이런 가운데 세월호 참사와 2014년 지방선거에서 진보적 성향의 교육감 13명이 대거 당선된 것은 교육계에 커다란 충격을 주었다. 게다가 정부의 전교조 법외노조 결정과 이에 대한 법원의 무효 판결 또한 상당한 반향을 일으켰다.

문재인 정부의 교육정책은 자율형 사립고의 일반고 전환과 같이 신자유주의 정책의 폐해를 완화하려는 시도를 하면서도 여전히 교원평가제를 유지하는 등 큰 틀에서는 신자유주의적 정책의 테두리 안에 머물러 있다. 국가교육회의를 설치하고 이를 국가교육위원회로 전환하여 교육정책의 장기적 전망을 확보하려는 계획은 국회에 발목이 잡혀 지지부진하고 있다. 대학입시 정책에서도 대학서열체제 해소라는 근본적 해결책보다는 '공정성'이라는 가치에 집착하여 단기적인 처방에 그치고 있다. 특히 교육 현장에서 중요한 쟁점이 되어온 전교조의 법외노조 문제에 대한 미온적인 대응은 문재인 정부의 한계를 상징적으로 보여주고 있다. 문재인 정부가 집권하는 데 매우 중요한 역할을 한 (전교조 조합원은 물론이고) 교사들의 법외노조 '직권 취소' 요구를

묵살하여 지지 세력의 비판을 자초함으로써 노무현 정부가 집권 초기 NEIS 문제로 교사들의 이반을 초래한 것과 비슷한 우를 범하고 있다.

한편, 2018년 선거에서 이른바 진보교육감들이 대거 당선되어 기대를 낳았지만, 지방 교육청의 정책 노선이 중앙 정부의 법적, 제도적 지원으로 뒷받침되지 못함으로써 큰 성과를 거두지 못하고 있다. 진보교육감의 정책 지향이 성과를 거두기 위해서는 합법적인 교원노조와의 협력이 필수적인데 전교조의 법외노조 상태가 계속됨으로써 한계를 보이고 있다. 전교조는 문재인 정부 출범으로 법외노조의 직권 취소를 기대하고 강력한 투쟁을 전개해 왔으나 별다른 성과를 거두지 못하자 운동의 피로와 조합원들의 실망감으로 활동이 침체되어 있는 것으로 보인다. 이번 조사는 이러한 국면에서 실시되었다.

## 2. 조사의 목적과 내용

이번 설문조사의 주요한 목적은 크게 두 가지다. 하나는 지난 15년 동안 교사들의 사회의식이 어떻게 변했는지를 알아보는 것이고, 다른 하나는 전교조 조직의 상태를 진단하는 것이다. 이를 위해 조사대상을 전교조 조합원과 일반교사 두 집단으로 나누고 공통 설문과 조합원 설문 두 종류의 설문지를 작성했다.

먼저 교사의 사회의식에 관한 공통 설문은 1) 교육정책에 대한 의식, 2) 정치사회 의식, 3) 교직생활에 대한 의식, 3) 전교조에 대한 의식 네 부분으로 나누어 작성했으며, 분석할 때에는 일반교사와 조합원을 구분했다. '교육정책에 대한 의식'은 정부의 교육정책 전반에 대한 평가와 주요한 정책들에 대한 찬반을 질문했다. 그리고 대학입시에 관한 여러 문항들, 대학평준화(국립대 통합네트워크)에 관한 문항, 중점 교육정책에 관한 문항을 넣었다(제1장). '정치사회 의식'은 주관적 정치적 성향, 투표 행태와 지지정당, 몇 가지 사회경제 정책에 대한 찬반 의견을 물었다. 그리고 최근에 문제가 된 조국사태에 관한 문항을 추가했다(제2장). '교직생활에 대한 의식'은 임금, 직장안정감, 사회적 지위에 대한 만족도와 학교의 민주적 운영, 학생교육 활동에 대한 만족도, 그리고 수업과 학교생활에 대한 견해를 조사했다. 그리고 세월호 참사 이후 의식 변화에 관한 문항을 추가했다(제3장). '전교조에 대한 의식'은 교원노조의 필요성에 대한 의식, 전교조 활동 전반에 대한 평가, 전교조의 사회적 위상, 전교조 교사에 대한 평가, 전교조 활동에 대한 관심도, 전교조 분회의 기여 정도 등을 조사했다(제4장). 15년 동안 교사의 의식 변화를 보기 위해 각 장의 주요한 쟁점 사항에 관해서는 2005년 조사와 2014년 조사 설문 문항과 동일한 문항을 다수 포함하여 변화의 추이를 분석했다.

다음으로 전교조 조합원만을 대상으로 한 설문에서는 조합원의 의식을 알아보고 현재 전교조 조직을 진단할 수 있는 문항들로 구성했다(제5장). 조합원의 의식과 활동을 구체적으로 파악하기 위해 전교조 가입의 시기와 계기, 전교조 활동 참여 영역과 정도, 전교조 분회의 지회의 활동 상황, 전교조 직책 수행 의향 등을 질문했으며, 그밖에 법외 노조 문제, 혁신학교, 교원노조법 개정 전망 등에 관한 설문을 포함시켰다.

# 3. 조사 과정과 분석

## 1) 모집단과 표본

조사의 대상이 된 모집단은 일반교사와 전교조 조합원 두 집단으로 나뉜다. 따라서 모집단을 일반교사(비조합원)와 전교조 조합원으로 구분하여 표본을 추출하였다. 일반교사와 조합원 표본은 두 모집단

〈표 1〉 모집단, 표집방법, 표본크기, 유효표본 수, 표본오차 요약

| 조사대상 | 항목 | 내용 |
|---|---|---|
| 일반교사 | 모집단 | 초등, 중등 교원 전체(조합원 제외) (약 447,000명) |
| | 표집방법 | 지역별, 학교 급별 층화, 학교별 할당, 무작위 추출 |
| | 표본크기 | 1770부 (유치원 2개교 20명, 초등 43개교 645명, 중학교 26개교 520명, 고등학교 27개교 540명, 특수학교 3개교 45명) |
| | 유효표본 수 | 855부(유효응답률: 48.3%) |
| | 표본오차 | 95% 신뢰도 수준에 오차범위 ± 3.9% |
| 조합원 | 모집단 | 전교조 조합원 전체(48,428명) |
| | 표집방법 | 지역별, 학교 급별 층화, 학교별 할당, 무작위 추출 |
| | 표본크기 | 1020부 (총102개 학교) |
| | 유효표본 수 | 673부(유효응답률: 65.9%) |

각각에 대해 층화집락표집 방법과 무작위 표집 방법을 사용하여 추출했다. 일반교사와 조합원 각각의 모집단, 표집방법, 표본크기, 유효표본 수, 표집오차는 〈표 1〉과 같다.

### 2) 모집단 대표성과 응답자 분포

〈표 2〉는 조합원과 일반교사 두 집단의 표본 설계와 모집단 대표성을 나타낸 것이다. 먼저 조합원의 모집단은 현재(2019년 4월) 전교조 전체 조합원 48,428명이며 유효 표본은 673개였다. 일반교사의 모집단은 전체 교사 가운데 조합원을 뺀 약 447,000명이며 유효 표본은 855개였다. 두 집단의 응답자 분포를 구체적으로 살펴보면 다음과 같다.

#### (1) 일반교사

교원 의식조사의 유효 설문지 가운데 일반교사는 모두 855부였다. 먼저 응답자의 인구학적 특성을 보면, 성별로는 여성(71.9%)이 남성(28.1%)보다 많지만, 이 비율은 현재 전국 교사의 성비와 근사하다. 연령별로는 각 연령대에서 비교적 고른 분포를 보이고 있다. 학교 급별로는 유치원이 0.6%, 초등학교가 37.2%, 중학교가 32.2%, 고등학교가 29.0%, 특수학교 1.1%로 모집단에 비교적 잘 대응하는 분포를 보이고 있다. 설립별로는 국공립이 91.9%, 사립이 8.1%로 국공립이 과다 대표되어 있다. 이는 설문지 배포가 전교조 대의원이 있는 학교에 한정되었기 때문에 불가피한 현상이다.

〈표 2〉 표본 설계 및 모집단 대표성

| | | 조합원 모집단 | | 조합원 표본 | | 일반교사 표본 | |
|---|---|---|---|---|---|---|---|
| | | 사례 수 | 비율 | 사례 수 | 비율 | 사례 수 | 비율 |
| 전체 | | 48,428 | **100.0%** | 673 | 100 | 855 | 100% |
| 성별 | 남성 | 14,651 | **30.3%** | 186 | **27.6** | 240 | **28.1** |
| | 여성 | 33,777 | **69.7%** | 485 | **72.1** | 615 | **71.9** |
| 연령별 | 20대 | 1,086 | **2.3%** | 32 | **4.8** | 140 | **16.4** |
| | 30대 | 8,519 | **17.7%** | 112 | **16.6** | 274 | **32.0** |
| | 40대 | 19,247 | **40.0%** | 282 | **41.9** | 258 | **30.2** |
| | 50대 이상 | 19,324 | **40.1%** | 240 | **35.7** | 175 | **20.5** |
| 학교급별 | 유치원 | 1,071 | **2.2%** | 3 | **0.4** | 5 | **0.6** |
| | 초등학교 | 17,690 | **36.5%** | 255 | **37.9** | 318 | **37.2** |
| | 중학교 | 12,871 | **26.6%** | 197 | **29.3** | 275 | **32.2** |
| | 고등학교 | 15,731 | **32.5%** | 216 | **32.1** | 248 | **29.0** |
| | 특수학교 | 750 | **1.5%** | 2 | **0.3** | 9 | **1.1** |
| | 기타 | 315 | **0.7%** | | | | |
| 설립별 | 국공립 | 43,233 | **89.7%** | 607 | **90.2** | 786 | **91.9** |
| | 사립 | 4,952 | **10.3%** | 66 | **9.8** | 69 | **8.1** |
| 지역별 | 서울 | 6,024 | **12.4%** | 91 | **13.5** | 102 | **11.9** |
| | 부산 | 2,104 | **4.3%** | 57 | **8.5** | 57 | **6.7** |
| | 대구 | 2,041 | **4.2%** | 51 | **7.6** | 44 | **5.1** |
| | 인천 | 2,394 | **4.9%** | 17 | **2.5** | 26 | **3.0** |
| | 광주 | 3,639 | **7.5%** | 30 | **4.5** | 41 | **4.8** |
| | 대전 | 1,035 | **2.1%** | 21 | **3.1** | 24 | **2.8** |
| | 울산 | 1,246 | **2.6%** | 19 | **2.8** | 16 | **1.9** |
| | 경기 | 6,922 | **14.3%** | 115 | **17.1** | 200 | **23.4** |
| | 강원 | 2,019 | **4.2%** | 12 | **1.8** | 19 | **2.2** |
| | 충북 | 1,559 | **3.2%** | 24 | **3.6** | 28 | **3.3** |
| | 세종 | 452 | **0.9%** | 3 | **0.4** | 20 | **2.3** |
| | 충남 | 2,714 | **5.6%** | 43 | **6.4** | 58 | **6.8** |
| | 전북 | 3,685 | **7.6%** | 31 | **4.6** | 53 | **6.2** |
| | 전남 | 4,765 | **9.8%** | 19 | **2.8** | 21 | **2.5** |
| | 경북 | 2,606 | **5.4%** | 50 | **7.4** | 62 | **7.3** |
| | 경남 | 4,219 | **8.7%** | 60 | **8.9** | 46 | **5.4** |
| | 제주 | 1,004 | **2.1%** | 30 | **4.5** | 38 | **4.4** |

### (2) 조합원

조합원 의식조사의 유효설문지는 모두 673부였다. 응답자의 인구학적 특성을 보면, 성별로는 여성(72.1%)이 남성(27.6%)보다 많지만 이는 모집단을 대체로 반영하고 있다. 연령별로는 20대가 4.8%로 적은 편이지만 모집단 2.3%보다는 많다. 20대 조합원이 상대적으로 적은 것을 알 수 있다. 학교 급별로는 유치원이 0.4%, 중학교가 초등학교가 37.9%, 중학교가 29.3%, 고등학교가 32.1%, 특수학교 0.3%로 대체로 모집단을 반영하고 있다. 설립별로는 국공립이 다소 과대 대표되어 있다. 지역별로는 경기, 부산, 대구 지역이 다소 과다대표 되어 있다.

성별, 연령별, 학교 급별, 지역별 표본 분포는 일반교사와 조합원 모두 약간의 과대표를 제외하면 모집단을 대체로 반영하고 있어 매우 훌륭한 표본이라고 할 수 있다. 뿐만 아니라 응답률도 일반교사의 경우 48.3%, 조합원의 경우 65.9%로 매우 높은 수준이다. 요컨대 표본과 응답률로 볼 때 이번 조사 데이터는 품질이 매우 우수하다고 할 수 있겠다.

### (3) 2005-2009-2014년-2019년 조사의 표본

약 15년간 네 시기 교사의식 변화의 추이를 살펴보기 위해 2005년 경상대 사회과학연구원 조사, 2009년 한국노동사회연구소 조사, 2014년 경상대 사회과학연구원 조사와 중복된 항목들에 대해 비교 분석하였다. 참고로 네 조사의 표본 크기는 〈표 3〉과 같다.

〈표 3〉 2005-2009-2014-2019년 조사의 표본 크기

| | | 2005년 | 2009년 | 2014년 | 2019년 |
|---|---|---|---|---|---|
| 구분 | 전체 | 1073 | 907 | 1131 | 1528 |
| | 일반교사 | 544 | 536 | 629 | 855 |
| | 조합원 | 529 | 371 | 505 | 673 |

### 3) 조사 기간 및 방법

이 조사는 두 가지 설문지로 실시되었다. 우선 2019년 7월부터 설문지 초안을 만들어 참교육연구소 회의를 통해 보완하여 설문지를 완성했다. 일반교사와 조합원에 대한 조사는 지역별, 급별로 할당하여 전교조 대의원이 있는 조합원의 재직 학교 교사와 조합원을 대상으로 무작위로 표본을 추출했다. 2019년 11월 20일~12월 13일에 직접 자기기입 방식을 사용하여 설문지 조사를 하였다. 설문지 배포는 전교조 분회 조직을 활용하여 표집된 102개 학교의 분회장에게 두 가지 설문지를 우송하고 설문지 기입이 끝나면 설문지를 수합하여 반송하는 과정을 거쳤다.

### 4) 조사결과의 통계처리

조사 결과 회수된 설문지는 일반교사 유효설문지 855부, 조합원 유효설문지 673부였다. 이 유효설문지를 분석대상으로 전산처리하였다. 우선 최종 분석대상이 된 설문지를 분류, 부호화 및 데이터 입력,

오류수정의 과정을 거쳐 각 변수의 구분(일반교사, 조합원) 빈도와 백분율을 살펴보았으며, 연령별, 성별, 학교 급별, 전교조 가입시기별 등 배경변수와 각 변수들 간의 관계를 교차분석을 통해 분석하였다. 다만, 학교 급별로 유치원과 특수학교는 표본수가 너무 적어 교차분석에서 통계적인 간섭이 우려되어 분석에서 생략했다.

통계분석은 SPSS프로그램을 사용하였다. 통계치의 유의성 검증은 명목 변수 설문에 대해서는 카이 제곱을 사용했고, 서열형 설문에 대해서는 선형성검증(t-test) 또는 ANOVA를 사용하였다. 유의 수준은 95%로 하여 유의한 경우에는 ($p<0.05$)로 각 장의 처음 나온 표에 명시하고 나머지 표에서는 표시(**)했으며, 교차분석에서 유의하지 않는 결과가 나온 변수는 표에서 제외했다. 서열형 설문은 평균분석(평균비교)을 하여 가장 부정적인 응답을 1점으로 하고 보통을 3점, 가장 긍정적인 응답을 5점으로 하여 평균 점수를 비교하는 방법을 사용했다. 평균 점수가 3점 이상이면 긍정적이고 3점 이하이면 부정적임을 나타낸다. 그리고 여러 문항을 비교하거나 시기별 추이를 보여주기 위해 지난 세 차례의 분석결과를 참고하여 적절한 그래프로 표시하여 한눈에 경향을 알아볼 수 있도록 했다.

# 제1장

# 교육정책에 대한 의식

## 1. 문재인 정부 교육정책에 대한 전반적 평가

1995년 김영삼 정부 시기부터 추진되어 온 신자유주의적 교육정책은 김대중, 노무현 정부를 거치면서 계속되다가 이명박 · 박근혜 정부 시기에는 더욱 강화되어 모순이 가중되었다. 촛불 시위와 박근혜 탄핵을 계기로 등장한 문재인 정부는 이러한 신자유주의적 교육정책을 중단하거나 교정하는 쪽으로 정책 방향을 잡았으나 두 보수정권에서 이미 취해진 조치와 뿌리를 내린 제도를 혁파하는 데는 한계를 드러내고 있는 상황이다.

이러한 상황을 반영하여 제2장에서 보듯 다수 교사들의 집권 여당 지지에도 불구하고 문재인 정부 교육정책에 대한 전반적 평가는 부정적인 것으로 나타났다. 〈표 1-1〉은 "지난 1년여 간 문재인 정부의 교육정책 전반에 대해 어떻게 평가하십니까?"라는 질문에 대한 응답을 나타낸 것이다. 전체 응답자 가운데 '잘 한다'와 '매우 잘 한다'가 각각 11.9%와 2.7%로 긍정적인 평가는 14.6%에 그친 반면, 부정적인 평가는 '잘 못한다'가 32.7%, '매우 잘 못한다'가 5.7%로 38.4%에 달한다. 이를 '매우 잘 못한다'를 1점, '매우 잘 한다'를 5점으로 한 5점 척

〈표 1-1〉 문재인 정부의 교육정책에 대한 전반적 평가

| | | 평균* | 표준 편차 | 매우 잘 못한다 | 잘 못한다 | 그저 그렇다 | 잘 한다 | 매우 잘 한다 | 유효 사례 수 |
|---|---|---|---|---|---|---|---|---|---|
| 구분** | 일반 교사 | 2.8 | 0.849 | 5.20% | 28.80% | 49.90% | 12.80% | 3.30% | 806 |
| | 조합원 | 2.64 | 0.828 | 6.30% | 37.70% | 43.30% | 10.80% | 1.90% | 637 |
| 연령** | 20대 | 2.81 | 0.723 | 1.80% | 29.30% | 57.30% | 9.10% | 2.40% | 164 |
| | 30대 | 2.75 | 0.842 | 6.50% | 29.20% | 49.90% | 12.00% | 2.50% | 367 |
| | 40대 | 2.71 | 0.867 | 7.20% | 32.80% | 44.30% | 13.60% | 2.10% | 515 |
| | 50대 이상 | 2.71 | 0.857 | 4.70% | 37.60% | 43.30% | 10.70% | 3.70% | 383 |
| 급별** | 초등 학교 | 2.73 | 0.899 | 7.70% | 30.30% | 47.10% | 10.90% | 4.00% | 531 |
| | 중학교 | 2.60 | 0.793 | 6.20% | 38.90% | 44.80% | 8.60% | 1.50% | 453 |
| | 고등 학교 | 2.87 | 0.796 | 2.30% | 29.60% | 49.30% | 16.30% | 2.50% | 442 |
| 성별** | 남 | 2.84 | 0.882 | 4.90% | 29.10% | 47.60% | 14.10% | 4.40% | 412 |
| | 여 | 2.69 | 0.823 | 6.00% | 34.10% | 46.80% | 11.00% | 2.00% | 1029 |
| 전체 | | 2.73 | 0.843 | 5.7% | 32.7% | 47.0% | 11.9% | 2.7% | 1443 |

주 * '매우 잘 못한다' 1점, '매우 잘한다' 5점으로 환산한 평균값임.
** p〈0.05. 이하 모든 표에서 **는 95% 신뢰수준에서 통계적으로 유의함을 의미한다.

도로 평균값을 내면 일반교사의 경우는 2.80점, 전교조 조합원의 경우는 2.64점으로 중앙값인 3점에 못 미치며 조합원의 경우 일반교사보다 부정적인 평가가 더 높다. 또 부정적인 평가는 연령이 높을수록(20대 2.81점, 30대 2.75점, 40대와 50대 이상 2.71점), 학교 급별로는 중학교에서, 성별로는 여성의 경우 더 높게 나타났다. 한 마디로 문재인 정부는

〈그림 1-1〉 현정부 교육정책에 대한 평가

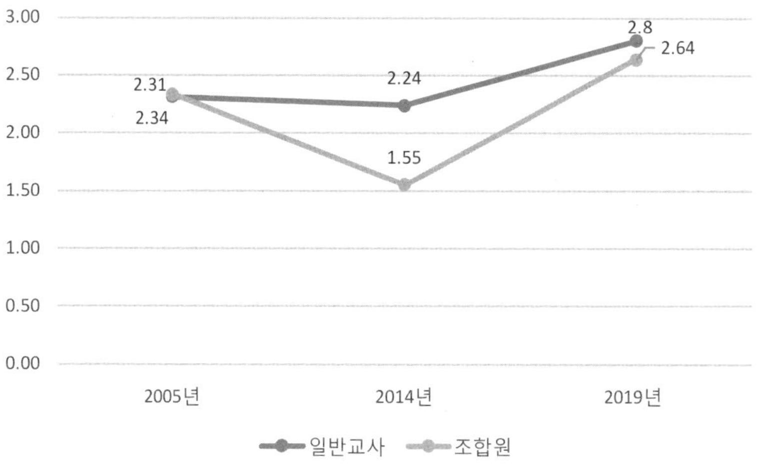


신자유주의적 교육정책에서 방향 전환을 모색하고 있지만 전교조 조합원들뿐 아니라 일반교사들에게서도 긍정적인 평가를 받지 못하고 있다.

하지만 이전 정부와 비교해 보면 상대적으로 정부정책에 대한 부정적인 평가가 다소 완화된 것으로 나타났다. 2005년 조사에서 노무현 정부 교육정책에 대한 평가도 대체로 부정적이었으며, 2014년 조사에서 박근혜 정부 교육정책에 대한 평가는 부정적인 평가가 압도적이었던 것에 비하면 이번 조사에서 문재인 정부 교육정책에 대한 평가 점수는 상당히 개선된 것이다. 세 정부의 교육정책에 대한 전반적인 평가를 5점 척도로 비교해 보면 〈그림 1-1〉과 같다. 일반교사의 경우 2005년 2.31점, 2014년에는 2.24점인데 비해 2019년에는 2.80점, 조합원의 경우는 2005년에는 2.34점, 2014년에는 1.55점이던 것이 2019

년에는 2.64점으로 높아졌다. 일반교사들뿐 아니라 조합원의 경우에도 박근혜 정부와 비교하면 문재인 정부의 교육정책에 대한 부정적인 평가가 현저히 완화되었다.

## 2. 추진 중인 정부 교육정책에 대한 견해

문재인 정부 교육정책은 그 동안 추진되어온 신자유주의적 교육정책의 모순에 대한 교정으로 방향을 잡는 한편 교육복지의 확대에 강조점을 두고 있으며 몇 가지 쟁점이 되는 정책들에 대해서는 과거 정부 정책을 계승하는 듯한 모습을 보이고 있다. 현재 추진되고 있는 여러 교육정책에 대한 교사의 의식을 살펴보자.

### 1) 자사고, 특목고를 일반고로 전환

자립형 사립고는 과학고나 외국어고와 마찬가지로 '평준화 보완'이라는 명분으로 노무현 정부 때 시범 도입되어 이명박 · 박근혜 정부를 거치면서 확대되어 고교평준화 체제를 위협하고 있다. 이에 진보교육감들이 먼저 주창하고 정부가 수용함으로써 자립형 · 자율형 사립고와 특목고를 일반고로 전환하는 정책이 추진되고 있다.

'자사고, 특목고를 일반고로 전환'하는 정책에 대해서 전체적으로 찬성이 70.9%, 반대가 18.7%로 찬성 의견이 압도적으로 많았다(〈표 1-2〉). 일반교사(60.7%)보다는 조합원(83.8%)의 찬성률이 높았고, 연령

〈표1-2〉 자사고, 특목고를 일반고로 전환

| | | 찬성 | 반대 | 잘 모름 | 계 |
|---|---|---|---|---|---|
| 구분** | 일반교사 | 60.7% | 13.3% | 26.0% | 100.0% |
| | 조합원 | 83.8% | 6.8% | 9.5% | 100.0% |
| 연령** | 20대 | 51.8% | 24.7% | 23.5% | 100.0% |
| | 30대 | 56.4% | 30.4% | 13.1% | 100.0% |
| | 40대 | 79.5% | 12.9% | 7.5% | 100.0% |
| | 50대 이상 | 81.0% | 12.7% | 6.3% | 100.0% |
| 전체 | | 70.9% | 18.7% | 10.4% | 100.0% |

〈그림 1-2〉 자사고, 특목고 정책

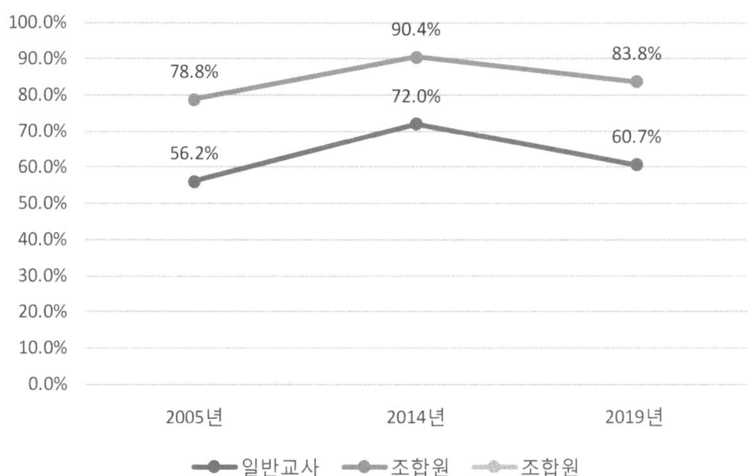


주: 2005년과 2014년 조사는 '자립형, 자율형 사립고 유지 및 확대'에 대한 반대율
2019년 조사는 '자사고, 특목고를 일반고로 전환'에 대한 찬성율

별로는 높은 연령층의 찬성률이 더 높게 나타났다.

2005년과 20014년 조사에서는 '자립형, 자율형 사립고 유지 및 확대' 항목에 대해 일반교사의 경우에는 반대가 2005년 56.2%, 2014년 72.0%였으며, 조합원의 경우에는 반대 각각 78.8%, 90.4%로 나타난 것의 자연스런 결과라고 할 수 있겠다. 교사들은 대학입시를 매개로 고교평준화 체제를 형해화하는 자사고와 특목고 정책에 강한 반대 의견을 일관되게 나타내고 있는 것이다(〈그림 1-2〉).

### 2) 교원평가 · 교원성과급 유지

교원평가 정책은 2005년부터 본격적인 쟁점이 되기 시작하여 정부와 전교조의 갈등이 가장 컸던 제도 가운데 하나이다. 그 과정에서 몇 차례 수정을 거쳐 교원평가와 성과급이 실시되었다. 하지만 교사들은 평가에 의한 성과급을 사실상 무력화시키는 방법으로 저항해 왔다. 하지만 문재인 정부가 들어선 이후에도 교육 관료들이 주도하는 교원평가제도는 그 기본틀을 유지하고 있다.

'교원평가 · 교원성과급 유지'에 대해서는 전체적으로 찬성이 5.2%, 반대가 91.3%로 반대가 압도적이다(〈표 1-3〉). 일반교사(87.6%)보다 조합원(96.6%)의 반대가 높고, 연령별로는 높은 연령일수록 반대율이 더 높게 나타났으며, 학교 급별로는 초등학교 교사가 성별로는 여성의 반대율이 더 높게 나타났다.

2005년과 2014년 조사에서는 '교원평가 · 교원성과급 확대'에 대해 일반교사의 경우 반대가 2005년 82.5%, 2014년에는 80.9%, 조합원의 경우는 반대가 각각 89.7%, 97.2%로 나타났는데 교원평가에 대한 교사들의 일관되고 강력한 반대 의견을 확인할 수 있다(〈그림 1-3〉).

〈표 1-3〉 교원평가 · 교원성과급 유지

| | | 찬성 | 반대 | 잘 모름 | 계 |
|---|---|---|---|---|---|
| 구분** | 일반교사 | 7.5% | 87.6% | 4.8% | 100.0% |
| | 조합원 | 2.2% | 96.0% | 1.8% | 100.0% |
| 연령** | 20대 | 10.0% | 77.1% | 12.9% | 100.0% |
| | 30대 | 7.6% | 88.5% | 3.9% | 100.0% |
| | 40대 | 4.3% | 93.7% | 2.0% | 100.0% |
| | 50대 이상 | 2.4% | 96.4% | 1.2% | 100.0% |
| 급별** | 초등학교 | 3.0% | 94.0% | 3.0% | 100.0% |
| | 중학교 | 7.0% | 89.1% | 3.8% | 100.0% |
| | 고등학교 | 5.8% | 90.3% | 3.9% | 100.0% |
| 성별** | 남 | 8.0% | 87.3% | 4.7% | 100.0% |
| | 여 | 4.1% | 92.9% | 3.0% | 100.0% |
| 전체 | | 5.2% | 91.3% | 3.5% | 100.0% |

〈그림 1-3〉 교원평가 · 교원성과급 확대 반대

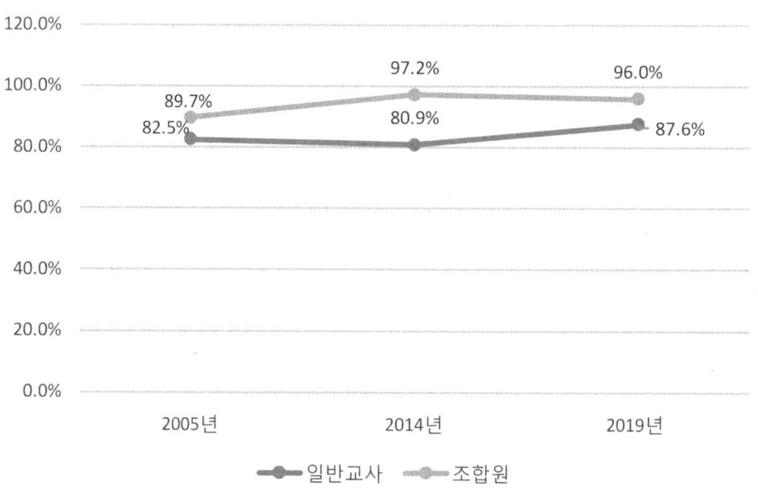

〈표 1-4〉 학생 수 감소에 따른 교원 감축

| | | 찬성 | 반대 | 잘 모름 | 계 |
|---|---|---|---|---|---|
| 구분 | 일반교사 | 14.1% | 77.1% | 8.8% | 100.0% |
| | 조합원 | 13.7% | 78.7% | 7.7% | 100.0% |
| 급별** | 초등학교 | 12.5% | 81.9% | 5.6% | 100.0% |
| | 중학교 | 12.8% | 77.9% | 9.3% | 100.0% |
| | 고등학교 | 16.3% | 72.8% | 10.9% | 100.0% |
| 전체 | | 13.9% | 77.8% | 8.3% | 100.0% |

### 3) 학생 수 감소에 따른 교원 감축

지난 몇 년간 학령인구의 감소에 따라 농촌 소규모 학교의 폐교가 계속되는 한편, 학급당 학생 수의 감소로 교육환경이 지속적으로 개선되는 의도치 않은 결과가 일어났다. 정부는 재정적인 이유로 교원 감축을 추진하고 있으며, 이에 대해 전교조를 비롯한 교원단체에서는 교육의 질 저하를 우려하면서 반대의 목소리를 내고 있는 중이다.

'학생 수 감소에 따른 교원 감축'에 대해서는 전체적으로 찬성이 13.9%, 반대가 77.8%로 반대가 압도적이다(표 〈1-4〉). 여기에 대해서는 일반교사와 조합원, 연령별, 성별 사이에 통계적으로 유의미한 차이가 없다. 다만 학교 급별로 초등학교 교사(81.9%)의 반대율이 상대적으로 더 높게 나타났다.

〈표 1-5〉 한국사 국정교과서 폐지

| | | 찬성 | 반대 | 잘 모름 | 계 |
|---|---|---|---|---|---|
| 구분** | 일반교사 | 55.1% | 29.9% | 15.0% | 100.0% |
| | 조합원 | 77.3% | 15.5% | 7.2% | 100.0% |
| 연령** | 20대 | 58.0% | 23.1% | 18.9% | 100.0% |
| | 30대 | 56.5% | 30.9% | 12.6% | 100.0% |
| | 40대 | 71.8% | 18.3% | 9.8% | 100.0% |
| | 50대 이상 | 67.3% | 23.3% | 9.3% | 100.0% |
| 급별** | 초등학교 | 56.0% | 33.3% | 10.7% | 100.0% |
| | 중학교 | 71.7% | 16.0% | 12.3% | 100.0% |
| | 고등학교 | 69.1% | 19.0% | 12.0% | 100.0% |
| 성별** | 남 | 71.7% | 18.3% | 10.0% | 100.0% |
| | 여 | 62.3% | 25.6% | 12.1% | 100.0% |
| 전체 | | 65.0% | 23.5% | 11.5% | 100.0% |

### 4) 한국사 국정교과서 폐지

박근혜 정부가 추진한 한국사 국정교과서 정책은 교사와 시민단체의 격렬한 반대로 사실상 무력화되었다. 국정교과서를 통한 정부의 이데올로기 통제에 대한 교사들의 우려가 큰 것을 알 수 있다.

'한국사 국정교과서 폐지'에 대해서 전체적으로 찬성이 65.0%, 반대가 23.5%로 찬성 비율이 훨씬 높다(〈표 1-5〉). 일반교사(55.1%)보다 조합원(77.3%)의 찬성률이 높고, 연령이 높을수록, 학교 급별로는 중학교와 고등학교 교사가, 성별로는 남성의 찬성 비율이 더 높게 나타났다.

이러한 조사 결과는 2014년 조사에서 '한국사 교과서 등 국정교과서 전환'에 대하여 찬성이 24.2%, 반대가 62.2%를 보인 것과 일관된 것이라고 할 수 있다.

### 5) 고교학점제 도입

문재인 정부가 추진하고 있는 고교학점제는 많은 논란을 야기하고 있다. 학점 이수를 통해 유급과 조기 졸업이 가능한 고교학점제는 특히 대학입학 수능시험과 연관되어 있기 때문에 교사들과 수험생들 모두에게 매우 민감한 사안이다. 현재까지의 논의로는 2025년 시행방침이 나와 있지만 아직 구체적인 일정이 확정되어 있지는 않다.

'고교학점제 도입'에 대하여 전체적으로는 찬성 32.7%, 반대 28.5%로 찬성 의견이 약간 우세하지만 '잘 모름'이 38.8%에 달한다(〈표 1-6〉). 이 제도의 윤곽과 그것이 초래할 결과에 대해 아직 잘 알려져 있지 않는 탓으로 보인다. 그런데 직접적인 당사자라고 할 수 있는 고등학교 교사들의 경우를 보면 찬성이 35.2%인데 비해 반대가 42.5%로 더 높게 나타나며 '잘 모름'은 22.3%로 비율이 많이 줄어드는 것을 볼 수 있다. 고교학점제에 관해 더 많은 정보를 가지고 있을 것으로 추측되는 고등학교 교사들의 반대 의견이 우세하다는 사실은 이 제도가 순조롭게 도입되기 힘들 것이라는 점을 보여준다고 하겠다.

〈표 1-6〉 고교학점제 도입

| | | 찬성 | 반대 | 잘 모름 | 계 |
|---|---|---|---|---|---|
| 구분 | 일반교사 | 32.3% | 29.1% | 38.5% | 100.0% |
| | 조합원 | 33.1% | 27.8% | 39.2% | 100.0% |
| 연령** | 20대 | 29.0% | 23.1% | 47.9% | 100.0% |
| | 30대 | 29.6% | 27.0% | 43.5% | 100.0% |
| | 40대 | 34.7% | 28.2% | 37.1% | 100.0% |
| | 50대 이상 | 35.2% | 32.2% | 32.7% | 100.0% |
| 성별** | 남 | 40.9% | 32.1% | 27.1% | 100.0% |
| | 여 | 29.5% | 27.1% | 43.4% | 100.0% |
| 급별** | 초등학교 | 26.4% | 18.8% | 54.8% | 100.0% |
| | 중학교 | 37.3% | 27.1% | 35.6% | 100.0% |
| | 고등학교 | 35.2% | 42.5% | 22.3% | 100.0% |
| 전체 | | 32.7% | 28.5% | 38.8% | 100.0% |

### 6) 자유학기제 존속

자유학기제는 중학교에서 한 학기 또는 두 학기 동안 학생 참여형 수업을 통해 다양한 학생들이 스스로의 잠재력 및 자기 주도적 학습 능력 등을 키우는 교육 실현을 위해 도입된 정책으로 2013년부터 시작하여 2016년부터는 전국의 모든 중학교에서 전면 시행하고 있다.

'자유학기제 존속'에 대해서는 전체적으로 찬성이 48.7%, 반대가 35.8%로 긍정적인 응답이 우세하다(〈표 1-7〉). 연령별로는 40대의 찬성률(53.7%)이 가장 높으며, 학교 급별로는 당사자라고 할 수 있는 중학교 교사들의 찬성률(55.5%)이 가장 높게 나타났다. 중학교 교사들의

〈표 1-7〉 자유학기제 존속

| | | 찬성 | 반대 | 잘 모름 | 계 |
|---|---|---|---|---|---|
| 구분** | 일반교사 | 42.4% | 42.2% | 15.4% | 100.0% |
| | 조합원 | 56.8% | 27.7% | 15.5% | 100.0% |
| 연령** | 20대 | 42.6% | 32.5% | 24.9% | 100.0% |
| | 30대 | 41.2% | 40.4% | 18.4% | 100.0% |
| | 40대 | 53.7% | 35.4% | 10.8% | 100.0% |
| | 50대 이상 | 51.8% | 32.9% | 15.3% | 100.0% |
| 급별** | 초등학교 | 48.4% | 31.8% | 19.8% | 100.0% |
| | 중학교 | 55.5% | 36.6% | 7.9% | 100.0% |
| | 고등학교 | 41.5% | 40.6% | 17.9% | 100.0% |
| 전체 | | 48.7% | 35.8% | 15.4% | 100.0% |

찬성률이 과반이 되는 만큼 이 제도는 다소간의 문제점에도 불구하고 안착할 가능성이 높은 것으로 보인다.

### 7) 직업계고 현장실습 유지와 도제학교 확대

직업계 고등학교의 현장실습을 강화하기 위해 2010년부터 도입된 도제학교에 대해서는 찬성 의견이 우세하게 나타났다(〈표 1-8〉). '직업계고 현장실습 유지와 도제학교 확대'에 대하여 전체적으로는 찬성이 58.0%, 반대 13.6%로 나타났다. 여기에 대해서는 일반교사(63.9%)보다 조합원(50.4%)의 찬성률이 낮고, 연령이 높을수록 찬성률이 더 낮게 나타나 다른 정책들에 대한 찬반 비율과 다른 양상을 보이고 있다.

〈표 1-8〉 직업계고 현장실습 유지와 도제학교 확대

| | | 찬성 | 반대 | 잘모름 | 계 |
|---|---|---|---|---|---|
| 구분** | 일반교사 | 63.9% | 25.8% | 10.2% | 100.0% |
| | 조합원 | 50.4% | 31.8% | 17.8% | 100.0% |
| 연령** | 20대 | 64.1% | 31.2% | 4.7% | 100.0% |
| | 30대 | 64.3% | 27.0% | 8.7% | 100.0% |
| | 40대 | 57.3% | 25.7% | 17.0% | 100.0% |
| | 50대 이상 | 50.2% | 32.4% | 17.4% | 100.0% |
| 급별** | 초등학교 | 58.0% | 12.9% | 29.2% | 100.0% |
| | 중학교 | 60.1% | 13.7% | 26.2% | 100.0% |
| | 고등학교 | 55.8% | 14.4% | 29.8% | 100.0% |
| 전체 | | 58.0% | 13.6% | 28.5% | 100.0% |

학교 급별과 성별로는 통계적으로 유의미한 차이가 나타나지 않았다.

### 8) 고교 무상교육 추진

중학교 의무교육 시행 이후 무상교육 범위가 계속 확대되고 이른바 '반값 등록금' 정책이 국가장학금 등 이름을 바꾸어 일부 시행되는 가운데 고교 무상교육법안이 발의된 시기에 이 조사가 이루어졌다(이 글을 쓰고 있는 지금은 고교무상교육법안이 포함된 '초 · 중등교육법 일부개정 법률안'이 2019년 12월 국회 본회의를 통과해 2020년부터 시행을 앞두고 있다). '고교 무상교육 추진'에 대하여 전체적으로는 찬성이 76.7%, 반대가 16.8%로 찬성이 압도적이다(〈표 1-9〉). 일반교사(68.3%)보다 조합

〈표 1-9〉고교 무상교육 추진

| | | 찬성 | 반대 | 잘 모름 | 계 |
|---|---|---|---|---|---|
| 구분** | 일반교사 | 68.3% | 23.3% | 8.4% | 100.0% |
| | 조합원 | 87.4% | 8.4% | 4.2% | 100.0% |
| 연령** | 20대 | 64.1% | 19.4% | 16.5% | 100.0% |
| | 30대 | 75.7% | 19.1% | 5.2% | 100.0% |
| | 40대 | 80.4% | 13.8% | 5.8% | 100.0% |
| | 50대 이상 | 78.6% | 17.2% | 4.1% | 100.0% |
| 급별** | 초등학교 | 80.1% | 13.4% | 6.5% | 100.0% |
| | 중학교 | 71.8% | 21.4% | 6.8% | 100.0% |
| | 고등학교 | 77.7% | 16.1% | 6.3% | 100.0% |
| 성별** | 남 | 80.9% | 14.1% | 4.9% | 100.0% |
| | 여 | 75.1% | 17.7% | 7.2% | 100.0% |
| 전체 | | 76.7% | 16.8% | 6.5% | 100.0% |

원(87.4%)의 찬성률이 높고, 연령별로는 40대가, 학교 급별로는 초등학교 교사가, 성별로는 남성의 찬성률이 더 높게 나타났다.

### 9) 기초학력법 입법 추진

학생들이 학교 교육과정을 통해 갖춰야 하는 최소한의 학력을 갖출 수 있도록 학교장이 기초학력진단 검사를 실시할 수 있게 하는 법적 근거를 마련하는 기초학력법이 입법 추진되고 있다. '기초학력법 입법 추진'에 대하여 전체적으로는 찬성이 51.0%, 반대가 18.4%로 찬

〈표 1-10〉 기초학력보장법 입법 추진

| | | 찬성 | 반대 | 잘 모름 | 계 |
|---|---|---|---|---|---|
| 구분** | 일반교사 | 56.5% | 13.5% | 30.0% | 100.0% |
| | 조합원 | 44.0% | 24.7% | 31.2% | 100.0% |
| 연령** | 20대 | 57.6% | 7.1% | 35.3% | 100.0% |
| | 30대 | 49.3% | 15.2% | 35.4% | 100.0% |
| | 40대 | 47.2% | 21.5% | 31.3% | 100.0% |
| | 50대 이상 | 55.3% | 21.9% | 22.9% | 100.0% |
| 급별** | 초등학교 | 46.0% | 23.3% | 30.7% | 100.0% |
| | 중학교 | 55.7% | 15.1% | 29.2% | 100.0% |
| | 고등학교 | 52.3% | 16.4% | 31.3% | 100.0% |
| 전체 | | 51.0% | 18.4% | 30.5% | 100.0% |

성이 우세한 가운데 '잘 모름'이 30.5%로 상당히 높게 나타났다(〈표 1-10〉). 아직 이 법안의 구체적인 내용이나 그것이 미칠 효과에 대해 잘 알려지지 않는 탓으로 보인다. 일반교사(56.5%)보다 조합원(44.0%)의 찬성률이 상대적으로 낮으며 연령별로는 20대와 50대 이상의 찬성률이 높고 학교 급별로는 중학교 교사의 찬성률이 상대적으로 높게 나타났다.

### 10) 국가교육위원회 설치

문재인 정부는 중장기 교육개혁 과제에 대한 사회적 합의를 추진하고, 교육정책의 정치적 독립성을 보장하며, 국민적 참여와 소통이

〈표 1-11〉 국가교육위원회 설치

| | | 찬성 | 반대 | 잘 모름 | 계 |
|---|---|---|---|---|---|
| 구분** | 일반교사 | 47.4% | 11.0% | 41.5% | 100.0% |
| | 조합원 | 56.9% | 6.8% | 36.3% | 100.0% |
| 연령** | 20대 | 40.0% | 2.9% | 57.1% | 100.0% |
| | 30대 | 46.9% | 6.5% | 46.6% | 100.0% |
| | 40대 | 54.6% | 9.0% | 36.3% | 100.0% |
| | 50대 이상 | 57.2% | 14.7% | 28.0% | 100.0% |
| 급별** | 초등학교 | 49.0% | 7.6% | 43.4% | 100.0% |
| | 중학교 | 55.5% | 7.6% | 36.9% | 100.0% |
| | 고등학교 | 51.2% | 12.5% | 36.3% | 100.0% |
| 성별** | 남 | 57.8% | 10.6% | 31.6% | 100.0% |
| | 여 | 49.1% | 8.6% | 42.3% | 100.0% |
| 전체 | | 51.6% | 9.2% | 39.2% | 100.0% |

이뤄질 수 있는 '국가교육위원회' 설립을 추진하고 있다. '국가교육위원회 설치'에 대하여 전체적으로는 찬성이 51.6%, 반대가 9.2%로 찬성이 우세한 가운데 '잘 모름'이 39.2%로 상당히 높게 나타났다(〈표 1-11〉). 아직 이 법안의 구체적인 내용에 대한 교사들의 인식이 많이 부족한 것을 알 수 있다. 일반교사(47.4%)보다 조합원(56.9%)의 찬성률이 상대적으로 높으며 연령이 높을수록, 학교 급별로는 중학교 교사의, 성별로는 남성의 찬성률이 상대적으로 높게 나타났다.

〈표 1-12〉 현행 대입제도의 골격 유지

| | | 찬성 | 반대 | 잘 모름 | 계 |
|---|---|---|---|---|---|
| 구분 | 일반교사 | 29.3% | 49.4% | 21.4% | 100.0% |
| | 조합원 | 32.7% | 47.7% | 19.6% | 100.0% |
| 연령** | 20대 | 26.6% | 42.6% | 30.8% | 100.0% |
| | 30대 | 26.4% | 50.5% | 23.0% | 100.0% |
| | 40대 | 30.6% | 51.2% | 18.2% | 100.0% |
| | 50대 이상 | 36.7% | 46.0% | 17.3% | 100.0% |
| 급별** | 초등학교 | 21.8% | 51.0% | 27.3% | 100.0% |
| | 중학교 | 31.6% | 47.7% | 20.6% | 100.0% |
| | 고등학교 | 41.1% | 46.1% | 12.8% | 100.0% |
| 전체 | | 30.8% | 48.6% | 20.6% | 100.0% |

### 11) 현행 대입제도의 골격 유지

수능시험을 위주로 한 정시, 학생생활기록부를 중심으로 한 수시 입학제도를 골간으로 하는 현행 대입제도는 교육 현안에서 가장 논란이 큰 제도이며 조사가 진행된 시점은 이른바 '조국사태'로 대학입학 전형의 공정성이 사회적으로 큰 논란이 된 시점이었다. '현행 대입제도의 골격 유지'에 대하여 전체적으로는 찬성이 30.8%, 반대가 48.6%로 반대가 우세한 가운데 '잘 모름'도 20.6%로 제법 높게 나타났다(〈표 1-12〉). 이 문제에 관해서는 일반교사와 조합원 사이에 통계적으로 유의미한 차이가 없다. 연령이 높을수록, 학교 급별로는 중고등학교 교사의 찬성률이 상대적으로 높게 나타났다.

〈그림 1-4〉 추진 중인 교육정책에 대한 견해(찬성)

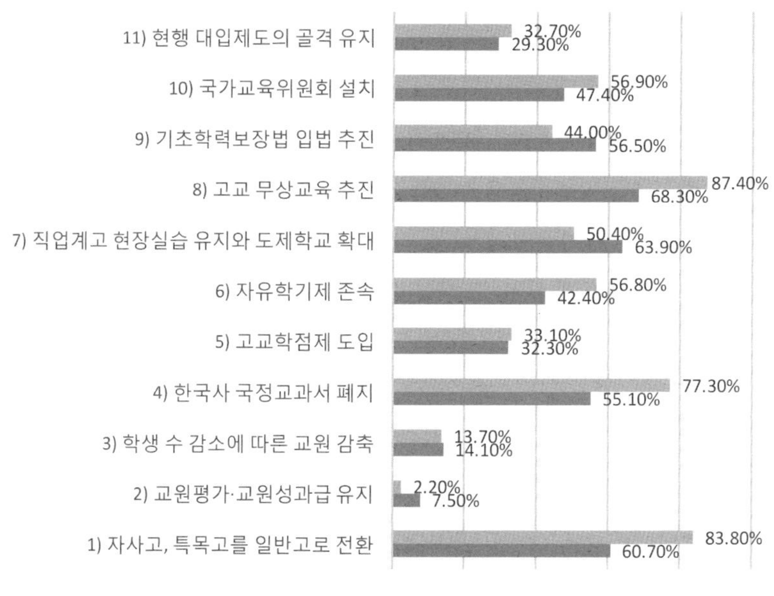


통계분석표를 유심히 들여다보면 매우 흥미로운 점을 발견할 수 있다. 우선 전체적으로 찬성보다 반대가 우세하고 일반교사와 조합원 사이에 유의미한 차이가 없다는 것은 교사들 모두 현행 대입제도에 문제가 있다고 느끼고 있다는 사실을 보여준다. 그런데 연령이 높을수록 찬성 의견이 상대적으로 더 많아지고, 학교 급별로는 초등학교보다 대학입시에 더 가까운 중고등학교 교사들의 찬성률이 높아지는 것을 보면 현행 대입제도의 골격이 문제는 있지만 달리 대안이 없다는 현실적인 생각이 반영된 것으로 보인다. 지금처럼 대학세열체제가 지속되는 가운데 입시제도를 유지해야 한다면 다수 교사들의 반대 의견

속에서 존속할 수밖에 없는 것이다. 여기서도 우리는 현행 대학입시제도의 모순을 벗어나는 근본적이고 유일한 해결책은 국립대 통합네트워크와 같은 대학평준화라는 것을 확인할 수 있다.

〈그림 1-4〉는 위의 11개 교육정책에 대한 교사들의 의식을 한눈에 비교해서 볼 수 있도록 나타낸 것이다.

## 3. 대학입시제도에 대한 의식

한국 교육에서 대학입시제도는 다른 모든 교육정책을 좌우하는 결정적으로 중요한 제도라는 것은 이제 거의 모든 사회구성원들에게 인식되고 있다. 이번 조사에서는 대입제도에 관한 교사들의 의식을 알아보기 위해 몇 가지 명제로 설문 문항을 만들어 찬반 의견을 조사했다.

### 1) 부모의 사회 경제적 배경이 대학을 결정한다

'부모의 사회 경제적 배경이 대학을 결정한다'는 문항에 대하여 전체적으로 '매우 그렇다'가 40.9%, '그런 편이다'가 55.7%로 긍정적인 응답이 96.6%인데 비해 부정적인 응답은 3.4%에 불과했다(〈표 1-13〉). 5점 척도로 보면 일반교사(4.28점)보다 조합원(4.41점)의 긍정적 응답 비율이 높고, 연령별로는 40대가, 학교 급별로는 초등학교 교사가 긍정적으로 응답한 비율이 더 높게 나타났다. 교사들은 거의 전부 부모의 사회경제적 지위가 학벌을 통해 자녀에게 세습되고 있다고 인식하

〈표 1-13〉 부모의 사회 경제적 배경이 대학을 결정한다

| | | 평균 | 표준편차 | 매우 그렇다 | 그런 편이다 | 그렇지 않은 편이다 | 전혀 그렇지 않다 | 전체 | 유효 사례수 |
|---|---|---|---|---|---|---|---|---|---|
| 구분** | 일반교사 | 4.28 | 0.671 | 36.5% | 59.5% | 3.9% | 0.1% | 100.0% | 850 |
| | 조합원 | 4.41 | 0.636 | 46.6% | 50.9% | 2.4% | 0.1% | 100.0% | 670 |
| 연령** | 20대 | 4.24 | 0.570 | 28.7% | 69.0% | 2.3% | | 100.0% | 171 |
| | 30대 | 4.28 | 0.611 | 33.6% | 63.5% | 2.9% | | 100.0% | 384 |
| | 40대 | 4.39 | 0.704 | 47.6% | 48.5% | 3.5% | 0.4% | 100.0% | 538 |
| | 50대 이상 | 4.37 | 0.673 | 44.4% | 51.9% | 3.6% | | 100.0% | 412 |
| 급별** | 초등학교 | 4.43 | 0.644 | 48.4% | 48.9% | 2.5% | 0.2% | 100.0% | 570 |
| | 중학교 | 4.32 | 0.639 | 37.7% | 59.3% | 2.8% | 0.2% | 100.0% | 469 |
| | 고등학교 | 4.25 | 0.689 | 34.6% | 60.6% | 4.8% | | 100.0% | 462 |
| 전체 | | 4.34 | 0.659 | 40.9% | 55.7% | 3.3% | 0.1% | 100.0% | 1520 |

고 있는 것이다. 부모의 사회경제적 지위가 자녀의 대학입시에 96.6% 만큼 실제로 영향을 주는 것은 아닐 것이지만 교사들의 이러한 인식은 그 자체로 사실로서 중요하다. 이는 사회경제적 지위가 대학 학벌을 통해 대물림되고 있다는 사실을 보여주기 때문이다.

### 2) 대학서열체제는 폐지되어야 한다

'대학서열체제는 폐지되어야 한다'는 문항에 대하여 전체적으로 '매우 그렇다'가 55.2%, '그런 편이다'가 30.7%로 긍정적인 응답이

〈표 1-14〉 대학서열체제는 폐지되어야 한다

| | | 평균 | 표준 편차 | 매우 그렇다 | 그런 편이다 | 그렇지 않은 편이다 | 전혀 그렇지 않다 | 전체 | 유효 사례 수 |
|---|---|---|---|---|---|---|---|---|---|
| 구분** | 일반교사 | 4.00 | 1.182 | 43.2% | 37.0% | 16.4% | 3.4% | 100.0% | 848 |
| | 조합원 | 4.56 | 0.845 | 70.4% | 22.7% | 6.0% | 0.9% | 100.0% | 670 |
| 연령** | 20대 | 3.59 | 1.271 | 27.6% | 40.0% | 28.2% | 4.1% | 100.0% | 170 |
| | 30대 | 3.98 | 1.176 | 41.0% | 39.7% | 15.4% | 3.9% | 100.0% | 383 |
| | 40대 | 4.45 | 0.917 | 63.7% | 27.6% | 7.6% | 1.1% | 100.0% | 537 |
| | 50대 이상 | 4.50 | 0.936 | 68.8% | 22.5% | 7.0% | 1.7% | 100.0% | 413 |
| 급별** | 초등학교 | 4.17 | 1.095 | 49.8% | 35.0% | 12.7% | 2.5% | 100.0% | 568 |
| | 중학교 | 4.28 | 1.066 | 57.9% | 27.9% | 13.0% | 1.3% | 100.0% | 470 |
| | 고등학교 | 4.33 | 1.059 | 60.1% | 28.0% | 8.9% | 3.0% | 100.0% | 461 |
| 성별** | 남 | 4.23 | 1.061 | 60.6% | 25.4% | 10.1% | 4.0% | 100.0% | 1090 |
| | 여 | 4.28 | 1.136 | 53.1% | 32.8% | 12.5% | 1.7% | 100.0% | 426 |
| 전체 | | 4.25 | 1.082 | 55.2% | 30.7% | 11.8% | 2.3% | 100.0% | 1518 |

85.9%인데 비해 부정적인 응답은 14.1%에 불과했다(〈표 1-14〉). 5점 척도로 보면 일반교사(4.00점)보다 조합원(4.56점)의 긍정적 비율이 상당히 높고, 연령별로는 연령이 높을수록, 학교 급별로는 고등학교, 중학교, 초등학교 순으로, 성별로는 여성이 긍정적으로 응답한 비율이 더 높게 나타났다. 학교 급별로 고등학교 교사들의 긍정적 응답률이 높다는 것은 대학입시를 더 민감하게 느끼는 위치에 있어 대학서열체제의 폐해를 더 잘 알기 때문으로 보인다. 이러한 조사 결과는 현재의

〈표 1-15〉 대학입시제도는 자격시험으로 전환되어야 한다

| | | 평균 | 표준 편차 | 매우 그렇다 | 그런 편이다 | 그렇지 않은 편이다 | 전혀 그렇지 않다 | 전체 | 유효 사례수 |
|---|---|---|---|---|---|---|---|---|---|
| 구분** | 일반 교사 | 3.40 | 1.369 | 26.5% | 34.0% | 31.6% | 7.8% | 100.0% | 844 |
| | 조합원 | 4.05 | 1.213 | 49.7% | 29.5% | 18.0% | 2.8% | 100.0% | 668 |
| 연령** | 20대 | 3.11 | 1.317 | 14.6% | 38.6% | 36.8% | 9.9% | 100.0% | 171 |
| | 30대 | 3.32 | 1.363 | 24.7% | 32.3% | 35.9% | 7.0% | 100.0% | 384 |
| | 40대 | 3.98 | 1.228 | 45.4% | 32.7% | 18.3% | 3.6% | 100.0% | 535 |
| | 50대 이상 | 3.90 | 1.318 | 46.2% | 28.3% | 20.4% | 5.2% | 100.0% | 407 |
| 전체 | | 3.69 | 1.342 | 36.8% | 32.0% | 25.6% | 5.6% | 100.0% | 1512 |

대입제도를 어떻게 고치더라도 해결책이 될 수 없고 대학서열체제를 폐지하여 대학평준화가 근본적인 해결책이라는 인식이 교사들 사이에서 이제 상식이 되었다는 것을 잘 보여주고 있다.

### 3) 대학입시제도는 자격시험으로 전환되어야 한다

'대학입시제도는 자격시험으로 전환되어야 한다'는 문항에 대하여 전체적으로 '매우 그렇다'가 36.8%, '그런 편이다'가 32.0%로 긍정적인 응답이 68.8%인데 비해 부정적인 응답은 31.2%로 나타났다(〈표 1-15〉). 5점 척도로 보면 일반교사(3.40점)보다 조합원(4.05점)의 긍정적 비율이 상당히 높고, 연령별로는 40대가 긍정적으로 응답한 비율이

〈표 1-16〉 고교서열화 정책은 폐지되어야 한다

| | | 평균 | 표준편차 | 매우 그렇다 | 그런 편이다 | 그렇지 않은 편이다 | 전혀 그렇지 않다 | 전체 | 유효 사례수 |
|---|---|---|---|---|---|---|---|---|---|
| 구분** | 일반교사 | 4.26 | 1.028 | 52.9% | 34.4% | 10.8% | 1.8% | 100.0% | 848 |
| | 조합원 | 4.73 | 0.649 | 79.9% | 16.8% | 2.8% | 0.4% | 100.0% | 671 |
| 연령** | 20대 | 3.94 | 1.073 | 32.5% | 49.1% | 16.6% | 1.8% | 100.0% | 169 |
| | 30대 | 4.22 | 1.062 | 51.2% | 35.2% | 11.2% | 2.3% | 100.0% | 383 |
| | 40대 | 4.64 | 0.730 | 73.6% | 21.7% | 4.3% | 0.4% | 100.0% | 538 |
| | 50대 이상 | 4.68 | 0.752 | 79.0% | 16.2% | 3.9% | 1.0% | 100.0% | 414 |
| 전체 | | 4.47 | 0.911 | 64.8% | 26.7% | 7.3% | 1.2% | 100.0% | 1519 |

더 높게 나타났다. 이 문항에 대한 긍정적인 응답 점수(3.69점)가 '대학서열체제는 폐지되어야 한다'는 문항에 대한 긍정적인 응답 점수(4.25점)보다 상당히 낮게 나온 것은, 일부 교사들이 대학서열체제가 폐지되어야 한다는 규범적인 인식에는 도달했으나 그 구체적인 방안이라고 할 수 있는 대학입학 자격시험에 대해서는 아직 유보적이라는 것을 보여주고 있다.

### 4) 고교서열화 정책은 폐지되어야 한다

특목고, 자사고 등이 명시적인 설립 취지와 달리 대학입시에 매달림으로써 이른바 '일반고'의 교육환경이 악화되는 고교서열화 현상이 강화되어 왔다. 또 고교서열화는 대학입시제도에 반작용하여 입시제도에 혼란을 초래하는 주요한 요인이기도 하다. '고교서열화 정책은 폐지되어야 한다'는 문항에 대하여 전체적으로 '매우 그렇다'가 64.8%, '그런 편이다'가 26.7%로 긍정적인 응답이 91.5%인데 비해 부정적인 응답은 8.5%에 불과하다(〈표 1-16〉). 5점 척도로 보면 일반교사(4.26점)보다 조합원(4.73점)의 긍정적 비율이 상당히 높고, 연령별로는 연령이 높을수록 긍정적으로 응답한 비율이 더 높게 나타났다. 정부와 진보 교육감들의 특목고, 자사고 폐지 정책에 교사들이 전폭적으로 지지하고 있음을 알 수 있다.

### 5) 학력 간 임금격차를 해소하는 것이 우선이다

우리나라와 같은 학벌사회에서 대학입시 경쟁은 근본적으로 사회적 지위 경쟁이라고 할 수 있다. 따라서 대학입시제도의 근저에 있는 학력 간 차별에 관한 교사들의 견해를 알아보았다. '학력 간 임금격차를 해소하는 것이 우선이다'라는 문항에 대하여 전체적으로 '매우 그렇다'가 46.1%, '그런 편이다'가 37.5%로 긍정적인 응답이 83.6%인데 비해 부정적인 응답은 16.4%에 불과하다(〈표 1-17〉). 5점 척도로 보면 일반교사(3.84점)보다 조합원(4.47점)의 긍정적 비율이 상당히 높고, 연령별로는 연령이 높을수록 긍정적으로 응답한 비율이 더 높게 나타났다. 이 문항에 대한 긍정적인 응답이 압도적으로 높은 것은 교사들이 대학입시 경쟁의 근원이 지위 경쟁에 있다는 사실을 정확하게 인식하고 있으며 그것에 대한 처방을 원하고 있다는 점을 잘 보여준다고 하

〈표 1-17〉 학력 간 임금격차를 해소하는 것이 우선이다

| | | 평균 | 표준 편차 | 매우 그렇다 | 그런 편이다 | 그렇지 않은 편이다 | 전혀 그렇지 않다 | 전체 | 유효 사례수 |
|---|---|---|---|---|---|---|---|---|---|
| 구분** | 일반교사 | 3.84 | 1.171 | 32.7% | 44.1% | 20.4% | 2.8% | 100.0% | 849 |
| | 조합원 | 4.47 | 0.868 | 63.1% | 29.1% | 7.2% | 0.6% | 100.0% | 667 |
| 연령** | 20대 | 3.49 | 1.137 | 15.3% | 52.9% | 29.4% | 2.4% | 100.0% | 170 |
| | 30대 | 3.74 | 1.196 | 29.4% | 44.5% | 22.9% | 3.1% | 100.0% | 384 |
| | 40대 | 4.29 | 0.998 | 54.4% | 33.6% | 10.9% | 1.1% | 100.0% | 533 |
| | 50대 이상 | 4.47 | 0.871 | 62.8% | 30.2% | 5.6% | 1.4% | 100.0% | 414 |
| 전체 | | 4.11 | 1.095 | 46.1% | 37.5% | 14.6% | 1.8% | 100.0% | 1516 |

겠다.

## 6) 정시(수능성적)를 확대해야 한다

현행 대학입시의 두 가지 전형 방법의 비중에 관한 의견을 조사했다. 우선 '정시(수능성적)를 확대해야 한다'는 문항에 대하여 전체적으로 '매우 그렇다'가 22.9%, '그런 편이다'가 35.5%로 긍정적인 응답이 58.4%인데 비해 부정적인 응답은 41.6%로, 5점 척도로는 3.26점으로 긍정적인 응답이 약간 높은 정도이다(〈표 1-18〉). 이러한 조사 결과는 전 국민을 대상으로 한 여론조사 결과와도 상당한 차이가 있다. 이른바 '조국사태'로 대학입시 공정성 문제가 떠들썩했던 2019년 9월 여론조사 전문기관 리얼미터의 조사에 따르면 '대학수학능력시험(수능)성

〈표 1-18〉 정시(수능 성적)를 확대해야 한다

| | | 평균 | 표준편차 | 매우 그렇다 | 그런 편이다 | 그렇지 않은 편이다 | 전혀 그렇지 않다 | 전체 | 유효 사례수 |
|---|---|---|---|---|---|---|---|---|---|
| 구분** | 일반교사 | 3.53 | 1.351 | 28.3% | 38.5% | 24.6% | 8.6% | 100.0% | 849 |
| | 조합원 | 2.91 | 1.449 | 16.1% | 31.6% | 31.6% | 20.8% | 100.0% | 665 |
| 연령** | 20대 | 3.49 | 1.285 | 22.8% | 43.3% | 27.5% | 6.4% | 100.0% | 171 |
| | 30대 | 3.54 | 1.330 | 28.2% | 37.9% | 27.2% | 6.8% | 100.0% | 383 |
| | 40대 | 3.07 | 1.463 | 19.7% | 33.0% | 29.0% | 18.4% | 100.0% | 534 |
| | 50대 이상 | 3.15 | 1.479 | 21.9% | 33.6% | 26.3% | 18.2% | 100.0% | 411 |
| 급별** | 초등학교 | 3.62 | 1.332 | 31.2% | 38.0% | 23.4% | 7.4% | 100.0% | 568 |
| | 중학교 | 3.18 | 1.431 | 19.6% | 38.1% | 26.0% | 16.3% | 100.0% | 465 |
| | 고등학교 | 2.87 | 1.437 | 15.8% | 29.9% | 34.2% | 20.1% | 100.0% | 462 |
| 전체 | | 3.26 | 1.429 | 22.9% | 35.5% | 27.7% | 13.9% | 100.0% | 1514 |

적을 기준으로 하는 정시가 더 바람직하다'는 응답이 63%로 나온 반면, '고등학교 내신 성적과 학교생활기록부를 기준으로 하는 수시가 더 바람직하다'는 응답이 22.5%로 나타나 정시 확대가 주도적인 여론이었다.* 교사들은 일반 시민들보다 대학입시의 공정성이란 가치를 중요시하면서도 학교 교육의 정상화라는 과제도 놓칠 수 없기 때문에 정시 확대에 대하여 유보적인 경향을 보이고 있는 것으로 보인다.

이 문항에 대한 교차분석 결과를 보면 교사들의 의견이 일반 시민

* 정호진, 「바람직한 대입제도 여론조사 "정시 63%" VS "수시 23%"」, 『파이낸셜 뉴스』, 2019. 09. 05.

들과 다른 이유를 더 분명하게 짐작해 볼 수 있다. 5점 척도로 비교해 보면 일반교사의 경우는 3.53점으로 긍정적인데 비해 조합원의 2.91점으로 오히려 부정적이다. 또 연령별로는 연령이 높을수록 긍정적인 응답의 비율이 상대적으로 더 낮다. 교육에 대한 관심이 상대적으로 높고 정치적 성향에서 진보적인 성향을 보이는 조합원과 높은 연령층에서 정시 확대에 대해 부정적으로 생각하는 비율이 상대적으로 높은 것이다.

또한 학교 급별 교차분석을 해 보면 문제의 본질에 다가설 수 있는 실마리를 찾을 수 있다. 대학입시와 다소 거리가 있는 초등학교 교사의 경우는 3.62점으로 긍정적인 응답 점수가 상당히 높은 데 비해 대학입시와 가까운 고등학교 교사의 긍정적인 응답 점수는 2.87점으로 부정적이다(중학교 교사는 3.18점으로 찬반이 팽팽하다). 대학입시의 직접적인 영향권 아래에 있는 고등학교 교사들은 대학입시의 공정성 확보에 대하여 찬성하면서도 정시 확대가 가져올 부작용을 더 잘 알기 때문에 정시 확대가 해결책이 될 수 없다는 것도 더 잘 알고 있는 것이다.

### 7) 학생부 종합전형은 폐지되어야 한다

다음으로 '학생부 종합전형은 폐지되어야 한다'는 문항에 대하여 전체적으로 '매우 그렇다'가 16.8%, '그런 편이다'가 30.4%로 긍정적인 응답이 47.2%인데 비해 부정적인 응답은 52.8%로 부정적인 응답이 약간 높게 나타났으며, 5점 척도로는 2.95점으로 다소 부정적이다(〈표

〈표 1-19〉 학생부 종합 전형은 폐지되어야 한다

| | | 평균 | 표준 편차 | 매우 그렇다 | 그런 편이다 | 그렇지 않은 편이다 | 전혀 그렇지 않다 | 전체 | 유효 사례수 |
|---|---|---|---|---|---|---|---|---|---|
| 구분** | 일반교사 | 3.09 | 1.379 | 18.7% | 32.2% | 37.5% | 11.6% | 100.0% | 847 |
| | 조합원 | 2.78 | 1.421 | 14.4% | 28.0% | 36.5% | 21.1% | 100.0% | 665 |
| 연령** | 20대 | 3.01 | 1.267 | 11.7% | 36.8% | 43.3% | 8.2% | 100.0% | 171 |
| | 30대 | 3.18 | 1.333 | 18.5% | 35.4% | 37.8% | 8.3% | 100.0% | 384 |
| | 40대 | 2.83 | 1.431 | 15.8% | 27.7% | 36.5% | 20.0% | 100.0% | 531 |
| | 50대 이상 | 2.86 | 1.475 | 18.7% | 25.5% | 34.8% | 20.9% | 100.0% | 411 |
| 급별** | 초등학교 | 3.40 | 1.350 | 24.6% | 37.3% | 29.9% | 8.1% | 100.0% | 565 |
| | 중학교 | 2.86 | 1.368 | 12.9% | 32.0% | 38.4% | 16.7% | 100.0% | 466 |
| | 고등학교 | 2.48 | 1.338 | 10.8% | 19.9% | 44.8% | 24.5% | 100.0% | 462 |
| 성별** | 남 | 2.77 | 1.429 | 16.4% | 24.2% | 39.6% | 19.9% | 100.0% | 422 |
| | 여 | 3.02 | 1.391 | 17.0% | 32.7% | 36.1% | 14.2% | 100.0% | 1088 |
| 전체 | | 2.95 | 1.405 | 16.8% | 30.4% | 37.1% | 15.7% | 100.0% | 1512 |

1-19〉). 이를 위 문항 '정시를 확대해야 한다'에 대한 응답과 연관지어 보면 정시를 확대하는 것에는 찬성하지만 수시 학생부 종합전형을 완전히 폐지하는 것에 대해서는 유보적인 교사들이 상당히 있다는 것을 알 수 있다. 교차분석 결과는 위 문항과 일관된 경향을 보이고 있다. 일반교사(3.09점)보다 조합원(2.78점)의 부정적 응답 비율이 높다. 또 연령이 높을수록, 학교 급별로는 초, 중, 고등학교 순으로, 성별로는 남성의 부정적인 응답 비율이 더 높게 나타났다.

〈그림 1-5〉 대학입시 제도에 대한 견해(찬성)

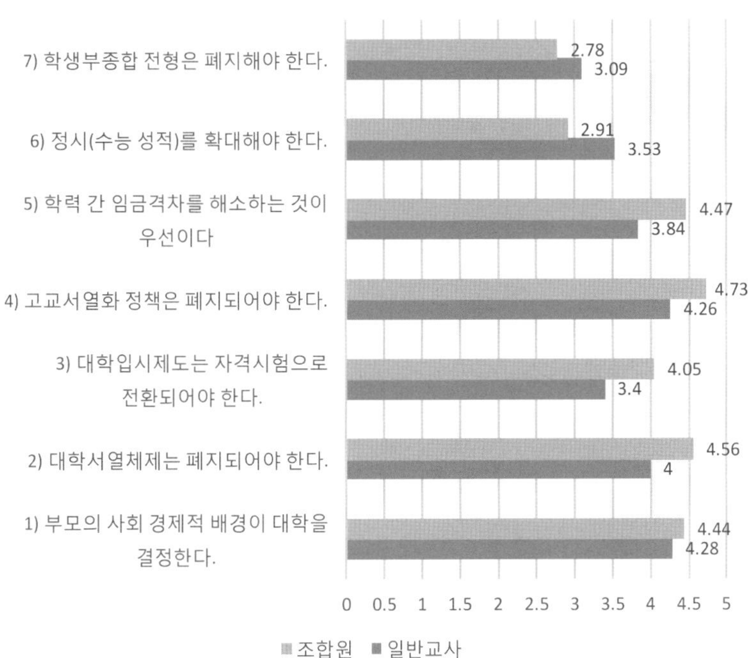


두 문항에 대한 응답을 통해 내릴 수 있는 결론은, 교사들 사이에서는 현행 대학입시제도의 큰 틀이 바뀌지 않는다면 현재 정시의 비율을 확대하는 데 신중해야 하며 학생부 종합전형도 유지되어야 한다는 견해가 우세하다고 할 수 있겠다.

〈그림 1-5〉는 입시제도와 관련된 7개 문항에 대한 찬성 응답률은 한눈에 볼 수 있도록 한 것이다.

## 4. 대학평준화(국립대 통합네트워크)에 대한 의식

학벌사회와 입시교육의 폐해를 극복하기 위한 방안으로 제시된 대학평준화(국립대 통합네트워크)에 대한 이번 조사 결과는 이전 조사와 비교하여 일정한 경향성 속에서도 상당한 진전을 보이고 있음을 보여주고 있다. 전체적으로 '지금 추진할 수 있는 현실적인 방안이라고 생각한다'고 응답한 비율이 6.8%, '단계론적으로 접근하면 언젠가 가능한 방안이라고 생각한다'고 응답한 비율이 64.1%로 이를 합치면 70.9%가 대학평준화 방안이 실현 가능한 방안이라고 응답한 반면, '이상론에 치우친 황당한 주장이라고 생각한다'고 부정적인 응답 비율은 18.3%로 나타났다(〈표 1-20〉, 〈그림 1-6〉). 일반교사(62.9%)보다 조합원(80.8%)의 긍정적인 응답이 상당히 높게 나타났다. 연령별로는 연령이 높을수록, 학교 급별로는 고등학교, 중학교, 초등학교 순으로, 성별로는 남성의 긍정적인 응답률이 높게 나타났다.

2005년과 2014년 조사와 비교하면 일반교사와 조합원 모두 대학평준화의 실현 가능성이 있다고 보는 견해가 더 많아진 점이 주목된다(〈그림 1-7〉). '이상론에 치우친 황당한 주장이라고 생각한다'고 부정적인 응답 비율을 비교해 보면 일반교사의 경우 2005년 30.6%, 2014년 38.4%에서 2019년에는 24.5%로 낮아졌으며, 조합원의 경우는 2005년 19.5%, 2014년 20.3%에서 2019년에는 10.6%로 상당히 낮아졌다. 이러한 결과는 현행 대학입시제도의 모순이 심화하고 국립대 통합네트워크의 내용이 알려지면서 이에 대한 이해도와 필요성이 증가한 것을 반영하는 것이라고 볼 수 있다.

〈표 1-20〉 대학평준화(국립대 통합 네트워크 구축 방안)에 대해 어떻게 생각하십니까?

| | | 이상론에 치우친 황당한 주장이라고 생각한다 | 단계론적으로 접근하면 언젠가는 가능한 방안이라고 생각한다 | 지금 추진할 수 있는 현실적인 방안이라고 생각한다 | 잘 모르겠다 | 전체 |
|---|---|---|---|---|---|---|
| 구분** | 일반교사 | 24.5% | 59.1% | 3.8% | 12.6% | 100.0% |
| | 조합원 | 10.6% | 70.2% | 10.6% | 8.6% | 100.0% |
| 연령** | 20대 | 19.3% | 53.8% | 4.1% | 22.8% | 100.0% |
| | 30대 | 25.4% | 59.2% | 2.4% | 13.1% | 100.0% |
| | 40대 | 15.3% | 67.5% | 7.9% | 9.3% | 100.0% |
| | 50대 이상 | 15.5% | 68.0% | 10.7% | 5.8% | 100.0% |
| 급별** | 초등학교 | 22.7% | 60.7% | 5.8% | 10.7% | 100.0% |
| | 중학교 | 16.5% | 65.1% | 7.1% | 11.3% | 100.0% |
| | 고등학교 | 14.3% | 67.3% | 8.0% | 10.4% | 100.0% |
| 성별** | 남 | 18.8% | 62.9% | 10.8% | 7.5% | 100.0% |
| | 여 | 18.2% | 64.4% | 5.2% | 12.1% | 100.0% |
| 전체 | | 18.3% | 64.1% | 6.8% | 10.8% | 100.0% |

〈그림 1-6〉 국립대 통합네트워크에 대한 견해

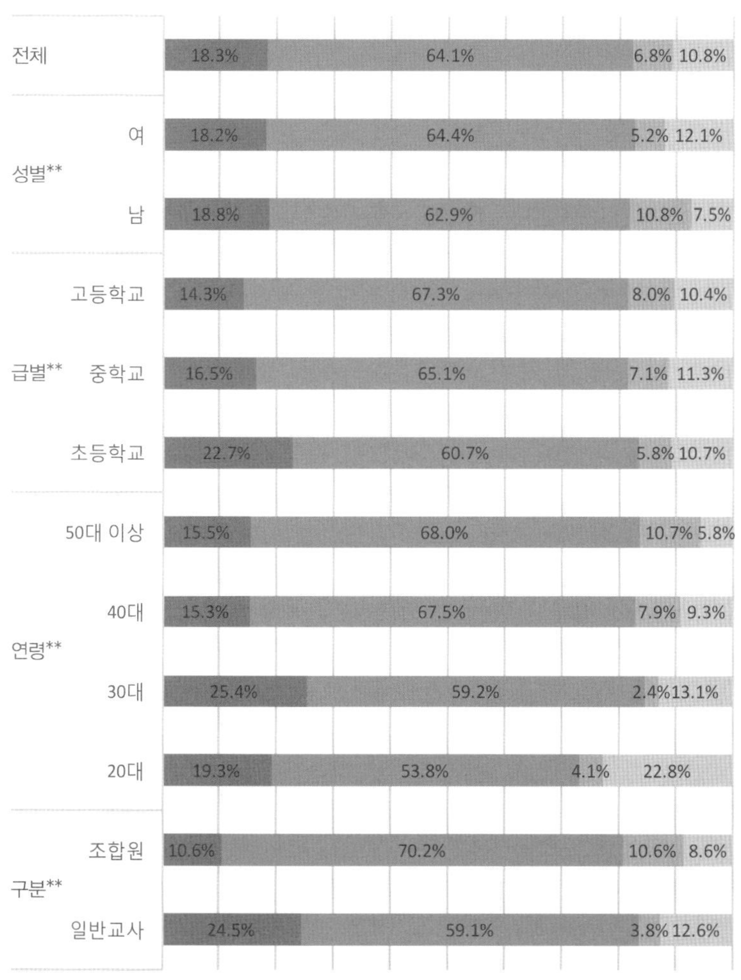

〈그림 1-7〉 국립대 통합네트워크 찬성 추이

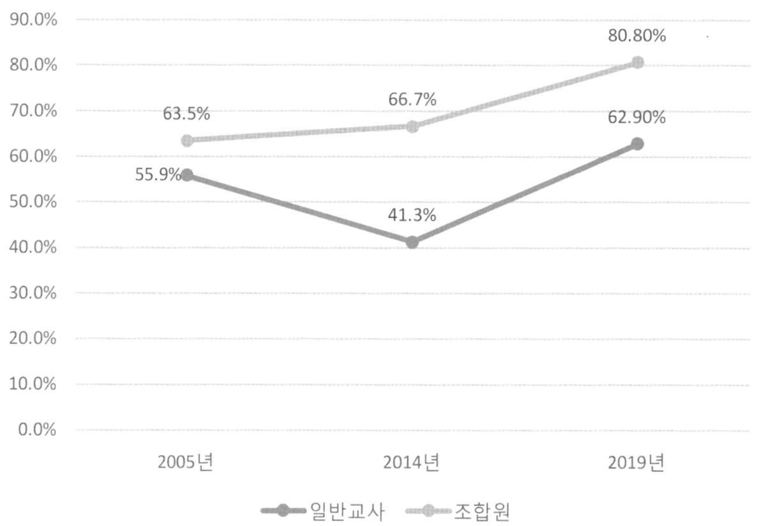


# 5. 비정규직 교원의 학교운영위 참여

'학교비정규직 교직원들이 학교운영위에 위원으로 참석하는 것에 대해 어떻게 생각하십니까?'는 문항에 대해서는 필요하다는 응답이 42.8%로 필요하지 않다는 응답 27.1%보다 높게 나타났다(〈표 1-21〉). 5점 척도로 보면 일반교사가 3.03점인데 비해 조합원은 3.31점으로 더 높다. 학교 급별로는 중학교, 초등학교, 고등학교 순으로 긍정적인 응답률이 높고, 성별로는 남성보다 여성이 더 높게 나타났다. 정부의 차별적인 교사정책에도 불구하고 교사들은 대부분 비정규직 교직원을 동료로 받아들이고 있으며 조합원의 경우는 그러한 의식이 일반교사보다 높다는 것을 알 수 있다.

〈표 1-21〉 학교비정규직 교직원들이 학교운영위에 위원으로 참석하는 것에 대해 어떻게 생각하십니까?

| | | 평균 | 표준편차 | 매우 필요하다 | 필요하다 | 보통이다 | 필요하지 않다 | 전혀 필요하지 않다 | 전체 | 유효사례수 |
|---|---|---|---|---|---|---|---|---|---|---|
| 구분** | 일반교사 | 3.03 | 1.041 | 6.1% | 29.7% | 33.8% | 22.4% | 8.0% | 100.0% | 839 |
| | 조합원 | 3.31 | 1.077 | 9.9% | 41.6% | 25.5% | 15.8% | 7.2% | 100.0% | 670 |
| 연령** | 20대 | 3.18 | 152 | 5.3% | 33.5% | 37.6% | 20.6% | 2.9% | 100.0% | 152 |
| | 30대 | 3.09 | 354 | 8.4% | 34.0% | 34.8% | 16.0% | 6.8% | 100.0% | 354 |
| | 40대 | 3.22 | 491 | 7.1% | 36.3% | 28.4% | 20.1% | 8.1% | 100.0% | 491 |
| | 50대 이상 | 3.24 | 374 | 8.8% | 34.9% | 25.1% | 21.7% | 9.5% | 100.0% | 374 |
| 성별** | 남 | 3.13 | 0.788 | 12.3% | 37.7% | 28.0% | 16.8% | 5.2% | 100.0% | 378 |
| | 여 | 3.21 | 0.711 | 6.0% | 33.8% | 31.1% | 20.6% | 8.6% | 100.0% | 1005 |
| 급별** | 초등학교 | 3.18 | 0.754 | 4.8% | 28.4% | 29.8% | 25.7% | 11.3% | 100.0% | 519 |
| | 중학교 | 3.26 | 0.762 | 10.1% | 39.2% | 31.0% | 14.9% | 4.7% | 100.0% | 427 |
| | 고등학교 | 3.13 | 0.670 | 9.3% | 38.9% | 30.2% | 16.1% | 5.4% | 100.0% | 421 |
| 전체 | | 3.16 | 1.066 | 7.8% | 35.0% | 30.2% | 19.5% | 7.6% | 100.0% | 1509 |

2014년 조사와 비교해 보면 여전히 비정규직 교직원들의 참여가 필요하다는 긍정적인 응답이 부정적인 응답보다 많지만, 일반교사의 경우 2014년에는 5점 척도로 3.08점에서 2019년 3.03점으로 약간 낮아졌으며, 조합원의 경우는 2014년 3.55점으로 상당히 높았으나 2019년에는 3.31점으로 다소 낮아졌다.

## 6. 혁신학교

혁신학교는 2010년 지방선거에서 진보적 성향의 교육감이 다수 당선되면서 추진되기 시작하여 2014년 선거에서는 진보 교육감이 대거 당선됨으로서 학교 환경에 상당한 변화를 가져왔다. 약 10년간 추진된 혁신학교 정책에 대해 교사들의 의식을 조사했다.

먼저 '혁신학교는 새로운 학교모델을 만들어가고 있다'는 문항에 대하여 긍정적인 응답이 66.2%로 부정적인 응답 33.7%보다 높게 나타났다(〈표 1-22〉). 5점 척도로 보면 일반교사가 3.24점인데 비해 조합원은 3.63점으로 상당한 차이가 있다. 연령별로는 20대가 상대적으로 높고, 학교 급별로는 초등학교, 중학교, 고등학교 순으로 높게 나타났다. 2014년 조사와 비교해 보면, 일반교사의 경우는 3.05점에서 3.24점으로 높아진 반면, 조합원의 경우는 3.75점에서 3.64점으로 다소 낮아졌다. 혁신학교의 내용이 알려지면서 조합원에서 일반교사로 긍정적인 평가가 확대되어 간 것으로 보인다.

다음으로 '혁신학교의 성과가 일반학교로 확산되고 있다'는 문

〈표 1-22〉 혁신학교는 새로운 학교모델을 만들어가고 있다

| | | 평균 | 표준 편차 | 매우 그렇다 | 대체로 그렇다 | 별로 그렇지 않다 | 전혀 그렇지 않다 | 전체 | 유효 사례수 |
|---|---|---|---|---|---|---|---|---|---|
| 구분** | 일반교사 | 3.24 | 1.158 | 8.6% | 51.4% | 35.4% | 4.6% | 100.0% | 841 |
| | 조합원 | 3.63 | 1.092 | 17.3% | 56.9% | 23.4% | 2.4% | 100.0% | 666 |
| 연령** | 20대 | 3.53 | 1.056 | 11.2% | 60.6% | 26.5% | 1.8% | 100.0% | 170 |
| | 30대 | 3.30 | 1.109 | 6.8% | 56.6% | 32.9% | 3.7% | 100.0% | 380 |
| | 40대 | 3.44 | 1.159 | 14.7% | 51.3% | 31.0% | 3.0% | 100.0% | 532 |
| | 50대 이상 | 3.44 | 1.196 | 15.4% | 51.7% | 27.6% | 5.4% | 100.0% | 410 |
| 급별** | 초등학교 | 3.53 | 1.145 | 16.1% | 54.1% | 26.2% | 3.5% | 100.0% | 564 |
| | 중학교 | 3.49 | 1.118 | 13.5% | 55.3% | 28.6% | 2.6% | 100.0% | 465 |
| | 고등학교 | 3.21 | 1.148 | 7.2% | 52.1% | 35.9% | 4.8% | 100.0% | 459 |
| 전체 | | 3.41 | 1.146 | 12.4% | 53.8% | 30.1% | 3.6% | 100.0% | 1507 |

항에 대하여 긍정적인 응답이 42.0%로 부정적인 응답 58.1%보다 낮았다. 5점 척도로 보면 일반교사가 2.74점인데 비해 조합원은 2.96점으로 조합원이 다소 높게 나타났다(〈표 1-23〉). 학교 급별로는 중학교, 초등학교, 고등학교 순으로 상대적으로 높으며, 성별로는 남성보다 여성이 상대적으로 높다. 5점 척도 점수가 3점에 미치지 못하여 혁신학교 확산에 대해 긍정적인 평가를 내리는 교사가 다수는 아니지만, 2014년 조사와 비교해 보면 일반교사의 경우는 2014년 2.52점에서 2019년 2.74점으로, 조합원의 경우는 2.73점에서 2.96점으로 제법 높아졌다. 혁신학교 정책이 점차 성과를 거두어 안착해 가는 것으로 보

〈표 1-23〉 혁신학교의 성과가 일반학교로 확산되고 있다

| | | 평균 | 표준 편차 | 매우 그렇다 | 대체로 그렇다 | 별로 그렇지 않다 | 전혀 그렇지 않다 | 전체 | 유효 사례수 |
|---|---|---|---|---|---|---|---|---|---|
| 구분** | 일반교사 | 2.74 | 1.132 | 4.8% | 33.2% | 55.2% | 6.8% | 100.0% | 837 |
| | 조합원 | 2.96 | 1.139 | 5.8% | 41.1% | 49.0% | 4.0% | 100.0% | 667 |
| 성별** | 남 | 2.65 | 1.121 | 3.8% | 31.0% | 56.3% | 8.8% | 100.0% | 419 |
| | 여 | 2.91 | 1.139 | 5.8% | 39.0% | 50.9% | 4.3% | 100.0% | 1083 |
| 급별** | 초등학교 | 2.93 | 1.179 | 6.4% | 40.1% | 46.8% | 6.7% | 100.0% | 564 |
| | 중학교 | 2.98 | 1.146 | 6.7% | 40.7% | 48.9% | 3.7% | 100.0% | 464 |
| | 고등학교 | 2.60 | 1.053 | 2.6% | 29.3% | 61.9% | 6.1% | 100.0% | 457 |
| 전체 | | 2.84 | 1.140 | 5.3% | 36.7% | 52.5% | 5.6% | 100.0% | 1504 |

인다.

이번 조사에서는 대세가 된 진보교육감들의 정책에 대한 평가를 추가했다. '진보교육감의 정책은 교육현장을 변화시키는 데 유의미한 역할을 하고 있다'는 문항에 대하여 전체적으로 긍정적인 응답이 64.8%로 부정적인 응답 35.2%보다 상당히 높았다(〈표 1-24〉). 5점 척도로 보면 일반교사의 경우는 3.06점인데 비해, 조합원의 경우는 3.74점으로 상당한 차이가 있다. 연령별로는 연령이 높을수록 긍정적이 응답이 많았다.

2014년 조사에서는 진보교육감에 대한 교사들의 기대를 조사했다. 그 조사에서 '13개 지역 진보교육감의 정책은 교육현장을 변화시키는 데 유의미한 역할을 할 것이다'는 문항에 대하여 긍정적인 응답

〈표 1-24〉 진보교육감의 정책은 교육현장을 변화시키는 데 유의미한 역할을 하고 있다

| | | 평균 | 표준편차 | 매우 그렇다 | 대체로 그렇다 | 별로 그렇지 않다 | 전혀 그렇지 않다 | 전체 | 유효 사례수 |
|---|---|---|---|---|---|---|---|---|---|
| 구분** | 일반교사 | 3.06 | 1.198 | 6.4% | 47.3% | 38.2% | 8.1% | 100.0% | 838 |
| | 조합원 | 3.74 | 1.031 | 18.7% | 60.0% | 19.5% | 1.8% | 100.0% | 668 |
| 연령** | 20대 | 3.23 | 1.144 | 5.9% | 55.6% | 32.5% | 5.9% | 100.0% | 169 |
| | 30대 | 3.16 | 1.178 | 6.6% | 51.7% | 34.6% | 7.1% | 100.0% | 381 |
| | 40대 | 3.42 | 1.205 | 16.0% | 49.5% | 29.6% | 4.9% | 100.0% | 531 |
| | 50대 이상 | 3.53 | 1.126 | 13.9% | 57.6% | 24.4% | 4.1% | 100.0% | 410 |
| 전체 | | 3.36 | 1.177 | 11.9% | 52.9% | 29.9% | 5.3% | 100.0% | 1506 |

〈그림 1-8〉 혁신학교에 대한 견해(5점 척도)

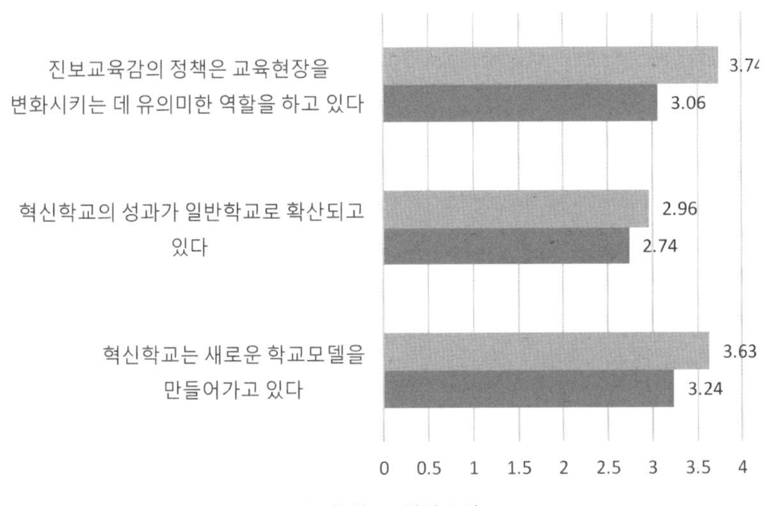

이 80.1%에 달해 기대감이 매우 높았다. 5점 척도로 보면 일반교사는 3.53점인데 비해 조합원은 4.17점으로 조합원의 기대가 특히 컸다. 이번 조사에서 나타난 결과로 보면 진보교육감들은 기대만큼은 못 미치지만 대체로 교육현장의 변화를 원하는 교사들의 기대에 상당한 정도로 부응하고 있는 것으로 보인다.

〈그림 1-8〉은 혁신학교에 관한 세 문항에 대한 일반교사와 조합원의 견해를 한눈에 볼 수 있도록 나타낸 것이다.

## 7. 중점 추진 정책

현재의 학교 교육에서 주요한 정책 과제가 무엇인지 알아보기 위해 간접적인 방법으로 교육시민사회가 제출한 교육감 선거 공약 요구안으로 질문했다. '앞으로 가장 중점을 두어 추진해야 한다고 생각하는 항목 2개를 선택해주세요'라는 문항에 대하여 '경쟁주의 교원정책 폐지와 교육주체의 기본권 보장'(61.8%), '입시경쟁교육 해소-학생이 행복한 학교'(55.7%)가 가장 많았으며, '사학비리 척결과 사학의 투명성 강화'(24.0%), '균등한 교육기회 보장'(21.6%), '교육복지 강화'(19.3%), '학교자치와 교육자치의 활성화'(17.5%) 순으로 많은 응답이 나왔다(〈표 1-25〉, 〈그림 1-9〉).

일반교사는 조합원에 비해 균등한 교육기회 보장과 교육복지 강화에 상대적으로 더 큰 관심을 가지고 있는 반면, 조합원은 상대적으로 '경쟁주의 교원정책 폐지와 교육주체의 기본권 보장'과 '입시경쟁

〈표 1-25〉 중점 추진 정책(복수 응답)

| | | 입시경쟁교육 해소 - 학생이 행복한 교육 | 균등한 교육 기회 보장 | 경쟁주의 교원 정책 폐지와 교육주체의 기본권 보장 | 학교 자치와 교육 자치의 활성화 | 교육 복지 강화 | 사회 비리의 척결과 사학의 투명성 강화 | 전체 |
|---|---|---|---|---|---|---|---|---|
| 구분** | 일반교사 | 53.3% | 24.6% | 57.8% | 17.4% | 22.3% | 24.6% | 200.0% |
| | 조합원 | 58.8% | 17.9% | 66.7% | 17.7% | 15.6% | 23.3% | 200.0% |
| 성별** | 남 | 51.7% | 21.7% | 53.8% | 24.2% | 20.5% | 27.9% | 200.0% |
| | 여 | 57.3% | 21.5% | 64.9% | 15.0% | 18.9% | 22.5% | 200.0% |
| 설립** | 국공립 | 55.8% | 21.8% | 62.6% | 17.5% | 19.5% | 22.8% | 200.0% |
| | 사립 | 55.4% | 19.9% | 52.9% | 17.3% | 17.0% | 37.5% | 200.0% |
| 전체 | | 55.7% | 21.6% | 61.8% | 17.5% | 19.3% | 24.0% | 200.0% |

교육 해소-학생이 행복한 학교'에 더 큰 관심을 보이고 있다. 성별로는 여성이 남성보다 '경쟁주의 교원정책 폐지와 교육주체의 기본권 보장'에 더 큰 관심을 보였다. 설립별 교차분석에서는 사립학교 교사들이 '사학비리의 척결과 사학의 투명성 강화'를 지적한 비율이 37.5%로 국공립 학교 22.8%보다 상당히 높게 나타났다.

〈그림 1-9〉 중점 추진 정책(복수 응답)

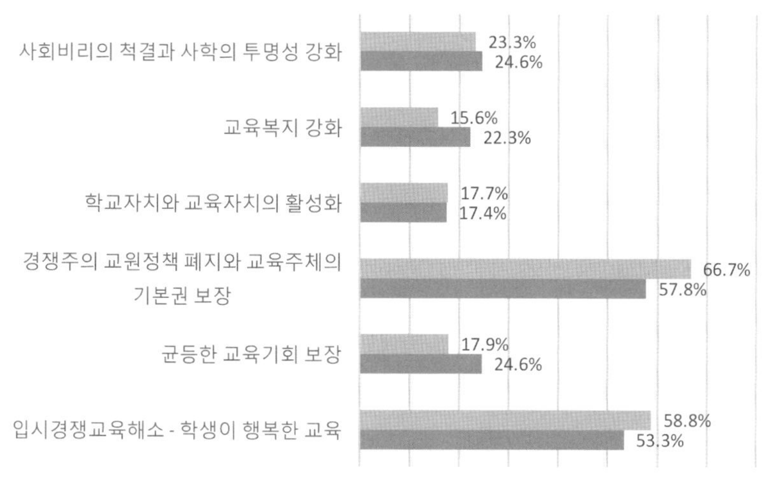


# 8. 소결

문재인 정부의 전반적인 교육정책에 대한 교사들의 의식은 대체로 부정적이다. 이명박, 박근혜 정부에 비해서는 부정적인 평가가 다소 완화되었지만 문재인 정부도 교사들의 요구에 부응하지 못하고 있음을 알 수 있다. 일반교사보다 조합원의 부정적 평가가 상대적으로 높은 이유는 현 정부에 대한 조합원의 기대가 더 크기 때문이기도 하겠지만, 문재인 정부에 기대했던 법외노조 취소가 되지 않은 것도 중요한 요인으로 작용했을 것이다.

김영삼 정부 때부터 시작된 신자유주의 교육정책이 이명박, 박근혜 정부에서 강화되다가 문재인 정부에서 다소 완화되었다. 문재인 정부는 자립형 사립고를 일반고로 전환하는 정책을 추진하고 있는데 이에 대해 교사들은 압도적인 지지를 보내고 있다. '교원평가와 교원성과급 제도'나 '학생 수 감소에 따른 교원 감축'과 같은 교육정책에 대해서는 절대 다수의 교사가 반대 견해를 보이고 있다. 이러한 신자유주의 교육정책에 대해서는 일반교사보다 조합원의 반대 비율이 상당히 높다.

박근혜 정부가 추진했던 '한국사 국정교과서'는 폐지해야 한다는 견해가 다수를 차지했으며, 이명박 정부 때부터 시작된 '직업계고 현장실습 유지와 도제학교'에 대해서는 찬성 견해가 다수를 차지했다. 문재인 정부가 추진하고 있는 '고교학점제'에 대해서는 유보적인 견해를 보인 반면 '자유학기제' 정책에 대해서는 긍정적인 견해가 더 많았다. '고교 무상교육 추진'에 대해서는 압도적인 다수가 찬성 견해를 표명했으며, 국가교육위원회 설치에 대해서도 다수가 찬성 견해를 보였다. '기초학력보장법'에 대해서는 찬성 의견이 우세하지만 잘 모른다는 응답이 많은 데서 볼 수 있듯이 이것이 미칠 영향에 대해서는 잘 알려져 있지 않는 것 같다. 현행 '대학입시제도의 골격을 유지해야 한다'는 문항에 대해서는 찬성 견해가 우세하며, 학교 급별로는 초등학교보다 대학입시에 더 가까운 중고등학교 교사들의 찬성률이 높아지는 것을 보면 현행 대입제도의 골격이 문제는 있지만 달리 대안이 없다는 현실적인 생각이 반영된 것으로 보인다.

이번 조사에서는 대학입시에 관련된 문항을 새로 추가해서 조사했다. '부모의 사회 경제적 배경이 대학을 결정한다', '대학서열체제는 폐지되어야 한다', '학력 간 임금격차를 해소하는 것이 우선이다', '고교서열화 정책은 폐지되어야 한다'와 같은 문항에 대하여 한결같이 찬성 의견이 압도적이며 일반교사보다는 조합원의 찬성비율이 높고 연령이 높을수록 찬성률이 높게 나타났다. 다만 '대학입시제도는 자격시험으로 전환되어야 한다'는 데 대하여는 찬성 의견이 우세하지만 '대학서열체제는 폐지되어야 한다'는 문항에 대한 긍정적인 응답 점수보다 상당히 낮게 나온 것은, 일부 교사들이 대학서열체제가 폐지되어야 한다는 규범적인 인식에는 도달했으나 그 구체적인 방안이라고 할 수 있는 대학입학 자격시험에 대해서는 아직 유보적이라는 것을 보여주고 있다.

대학서열체제하 현행 대학입시의 두 가지 전형 방법에 관해서는 '정시(수능성적)를 확대해야 한다'는 문항에 대하여 다소 긍정적인 응답이 우세한데, 이는 전 국민을 대상으로 한 여론조사 결과보다는 그리 높은 편은 아니다. 하지만 교차분석을 해보면 달리 해석할 수 있다. 5점 척도로 일반교사의 경우는 3.53점으로 긍정적인 데 비해 조합원의 2.91점으로 오히려 부정적이다. 또 연령별로는 연령이 높을수록 긍정적인 응답의 비율이 상대적으로 더 낮다. 교육에 대한 관심이 상대적으로 높고 정치적 성향에서 진보적인 성향을 보이는 조합원과 높은 연령층에서 정시 확대에 대해 부정적으로 생각하는 비율이 상대적으로 높은 것이다. 또 학교 급별 교차분석을 해보면 대학입시와 다소 거리가 있는 초등학교 교사의 경우는 3.62점으로 긍정적인 응답 점수가 상당히 높은 데 비해 대학입시와 가까운 고등학교 교사의 긍정적인 응답 점수는 2.87점으로 부정적이다(중학교 교사는 3.18점으로 찬반이 팽팽하다). 대학입시의 직접적인 영향권 아래에 있는 고등학교 교사들은 대학입시의 공정성 확보에 대하여 찬성하면서도 정시 확대가 가져올 부작용을 더 잘 알기 때문에 정시 확대가 해결책이 될 수 없다는 것도 더 잘 알고 있는 것이다. '학생부 종합전형은 폐지되어야 한다'에 대해서는 부정적인 응답이 우세하다. 두 문항에 대한 응답을 통해 내릴 수 있는 결론은, 교사들 사이에서는 현행 대학입시제도의 큰 틀이 바뀌지 않는다면 현재 정시의 비율을 확대하는 데 신중해야 하며 학생부 종합전형은 유지되어야 한다는 견해가 우세하다고 할 수 있겠다.

학벌사회와 입시교육의 폐해를 극복하기 위한 방안으로 제시된 대학평준화(국립대 통합네트워크)에 대한 이번 조사 결과는 2005년과 2014년 조사와 비교하면 일반교사와 조합원 모두 대학평준화의 실현 가능성이 있다고 보는 견해가 더 많아진 점이 주목된다. '이상론에 치우친 황당한 주장이라고 생각한다'고 부정적인 응답 비율은 낮아진 반면, '단계론적으로 접근하면 언젠가 가능한 방안이라고 생각한다'고 응답한 비율은 계속 증가하고 있다. 국립대 통합네트워크가 처음 발표된 2004년에는 많은 논란이 있었으나 약 15년이 지난 현재는 대안적인 제도로서 일종의 시민권을 획득했다고 할 수 있다.

한편, 2010년 지방선거에서 진보적 성향의 교육감이 대거 당선되면서 시작된 혁신학교 운동의 성과와 진보교육감에 대한 평가는 상당히 긍정적인 것으로 나타났다. '혁신학교가 새로운 학교모델을 만들어가고 있다'는 데 대해서는 긍정적인 평가가 부정적인 평가를 앞질렀으며 일반교사보다 조합원의 평가가 더 긍정적이며, 학교 급별로 초등학교, 중학교, 고등학교 순으로 긍정적인 평가가 높아 대학입시에서 거리가 멀수록 혁신학교의 영향력이 큰 것으로 보인다. 이에 비해 '혁신학교의 성과가 일반학교로 확산되고 있다'는 데 대하여는 여전히 부정적인 평가가 더 높게 나타났다. 하지만 2014년 조사와 비교해 보면 부정적인 평가 점수가 완화된 것으로 나타나 혁신학교 정책이 점차 성과를 거두어 안착해 가는 것으로 보인다. 진보교육감의 역할에 대해서도 긍정적인 평가가 부정적인 평가보다 앞섰다. 2014년 조사에서 진보교육감에 대한 높은 기대를 보인 것에는 못 미치지만, 진보교육감들은 대체로 교육현장의 변화를 원하는 교사들의 기대에 상당한 정도로 부응하고 있는 것으로 보인다.

향후 중점적으로 추진해야 하는 정책 과제로는 '경쟁주의 교원정책 폐지와 교육주체의 기본권 보장'과 '입시경쟁교육 해소-학생이 행복한 학교'를 꼽았으며, 일반교사는 조합원에 비해 '균등한 교육기회 보장'과 '교육복지 강화'에 상대적으로 더 큰 관심을 가지고 있는 반면, 조합원은 상대적으로 '경쟁주의 교원정책 폐지와 교육주체의 기본권 보장'과 '입시경쟁교육 해소-학생이 행복한 학교'에 더 큰 관심을 보이고 있다.

# 제2장

# 정치사회 의식

# 1. 정치적 성향

## 1) 주관적 정치 성향

주관적 정치 성향을 묻는 질문에 응답한 결과를 보면 대체로 교사들은 자신을 진보적이거나 중도적이라고 생각하고 있는 것으로 나타났다. '선생님의 정치적 성향은 다음 중 어디에 속한다고 생각하십니까?'라는 문항에 대하여 전체 응답자 가운데 진보적이라고 한 응답이 55.4%, 보수적이라는 응답이 10.8%, 중도적이라는 응답이 33.9%로 나타났다. '아주 보수적이다'를 1점, '중도적이다'를 3점, '아주 진보적이다'를 5점으로 하는 5점 척도로 나타내보면 일반교사는 3.26점인데 조합원은 3.78점으로 차이가 상당히 크다(〈표 2-1〉). 조합원이 일반교사보다 진보적 성향이 높게 나오는 것은, 우리나라 교원노동조합이 처한 정치적 상황을 고려하면 쉽게 짐작할 수 있다.

〈그림 2-1〉은 일반교사와 조합원, 연령별, 학교 급별, 성별 교차 분석한 결과를 한눈에 볼 수 있도록 그래프로 나타낸 것이다. 우선 연령별로는 연령이 높을수록 진보적이다. 일반적으로 연령이 높을수록 보

〈표 2-1〉 선생님의 정치적 성향은 다음 중 어디에 속한다고 생각하십니까?

| | | 평균 | 표준편차 | 아주 보수적이다 | 어느 정도 보수적이다 | 중도적이다 | 어느 정도 진보적이다 | 아주 진보적이다 | 전체 | 유효 사례 수 |
|---|---|---|---|---|---|---|---|---|---|---|
| 구분** | 일반교사 | 3.26 | 0.771 | 1.2% | 14.4% | 43.6% | 38.7% | 2.1% | 100.0% | 848 |
| | 조합원 | 3.78 | 0.684 | 0.4% | 4.2% | 21.5% | 64.6% | 9.3% | 100.0% | 669 |
| 연령** | 20대 | 3.27 | 0.728 | | 14.1% | 47.1% | 36.5% | 2.4% | 100.0% | 170 |
| | 30대 | 3.38 | 0.782 | 1.6% | 10.2% | 41.1% | 43.2% | 3.9% | 100.0% | 384 |
| | 40대 | 3.55 | 0.754 | 0.6% | 9.3% | 29.4% | 55.8% | 5.0% | 100.0% | 538 |
| | 50대 이상 | 3.61 | 0.790 | 1.0% | 8.3% | 28.0% | 54.7% | 8.0% | 100.0% | 411 |
| 급별** | 초등학교 | 3.42 | 0.823 | 1.6% | 12.0% | 34.4% | 47.1% | 4.9% | 100.0% | 569 |
| | 중학교 | 3.51 | 0.755 | 0.6% | 8.1% | 36.6% | 48.7% | 6.0% | 100.0% | 470 |
| | 고등학교 | 3.56 | 0.734 | 0.2% | 8.9% | 30.3% | 55.6% | 5.0% | 100.0% | 459 |
| 성별** | 남 | 3.51 | 0.836 | 0.7% | 12.3% | 30.0% | 49.1% | 8.0% | 100.0% | 424 |
| | 여 | 3.48 | 0.753 | 0.9% | 8.9% | 35.5% | 50.5% | 4.2% | 100.0% | 1091 |
| 전체 | | 3.49 | 0.778 | 0.9% | 9.9% | 33.9% | 50.1% | 5.3% | 100.0% | 1517 |

수적으로 되는 경향이 있는데, 교사들의 정치적 성향은 이와 정반대로 나타나고 있다. 이러한 현상은 주로 세대 경험의 차이에 기인하는 것으로 보인다. 일반 시민들의 경우에도 1987년 6월 민주항쟁을 경험한

〈그림 2-1〉 주관적 정치 성향(5점 척도)

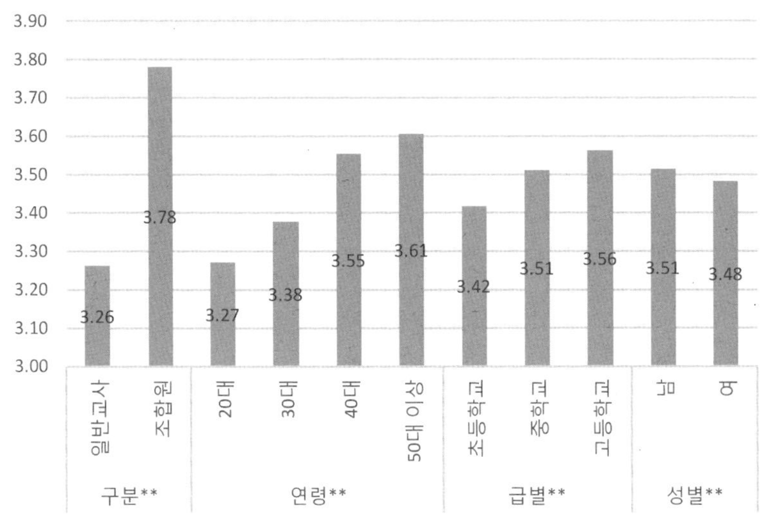


이른바 386세대가 독특한 정치적 성향을 보이지만 교사들의 경우, 특히 전교조 조합원 교사들의 경우는 교원노조 운동의 설립 투쟁을 겪은 세대와 합법화 이후 세대 사이에 정치적 성향의 차이가 상당하다. 학교 급별로는 고등학교, 중학교, 초등학교 순으로 진보적 성향이 높게 나타났으며, 성별로는 남성이 더 진보적인 성향을 가진 것으로 나타났다. 이러한 주관적 정치적 성향의 차이는 이미 본 바와 같이 교육정책에 대한 견해에서 일관되게 차이를 보이는 데 작용한다고 할 수 있다. 또 이러한 정치적 성향의 차이는 아래에서 살펴볼 사회경제 정책에 관한 의식에 대한 교차분석 결과와도 비슷한 경향을 보인다.

2005년과 2014년 조사와 비교하면 일반교사의 진보적 성향은 2005년 3.02점, 2014년 3.13점에서 2019년 3.26점으로 지속적으로 높

〈그림 2-2〉 진보적 정치성향 점수(5점 척도)

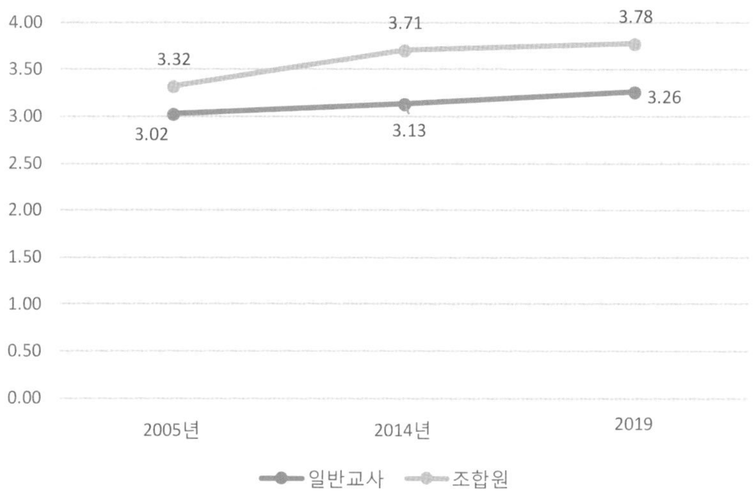


아졌으며, 조합원의 경우에는 2005년 3.32점에서 2014년 3.71점, 2019년 3.78점으로 크게 높아진 것으로 나타났다(〈그림 2-2〉). 한 개인의 주관적 정치적 성향은 그가 속한 사회의 이데올로기 지형에 상당히 좌우된다. 2005년 노무현 정부 시기보다 박근혜 정부의 이데올로기 지형이 보수적인 쪽으로 이동했기 때문에 상대적으로 진보적 성향이 증가한 것으로 해석할 수 있다. 특히 조합원의 진보적 성향이 크게 증가한 것은 전교조에 노골적으로 적대적이었던 이명박 · 박근혜 정부를 거치면서 나타난 현상으로 보인다.

〈표 2-2〉 2018년 6.13지방선거 비례대표는 어느 정당에 투표하셨습니까?

| | | 투표하지않음 | 더불어민주당 | 자유한국당 | 바른미래당 | 민주평화당 | 정의당 | 민중당 | 녹색당 | 전체 |
|---|---|---|---|---|---|---|---|---|---|---|
| 구분** | 일반교사 | 11.8% | 64.5% | 2.0% | 4.2% | 0.4% | 16.5% | 0.1% | 0.5% | 100.0% |
| | 조합원 | 3.7% | 47.7% | 0.2% | 0.6% | 0.2% | 43.5% | 1.6% | 2.5% | 100.0% |
| 연령** | 20대 | 18.8% | 66.2% | | 4.5% | 1.3% | 7.1% | | 1.9% | 100.0% |
| | 30대 | 8.3% | 64.8% | 1.9% | 2.8% | 0.3% | 20.2% | 0.8% | 0.8% | 100.0% |
| | 40대 | 5.3% | 55.6% | 0.4% | 1.6% | | 34.4% | 0.8% | 2.0% | 100.0% |
| | 50대 이상 | 7.7% | 47.4% | 2.1% | 3.1% | 0.3% | 37.4% | 1.0% | 1.0% | 100.0% |
| 성별** | 남 | 9.0% | 45.0% | 1.7% | 4.2% | | 37.8% | 1.2% | 1.0% | 100.0% |
| | 여 | 7.8% | 61.6% | 1.0% | 2.0% | 0.4% | 25.1% | 0.6% | 1.6% | 100.0% |
| 전체 | | 8.1% | 56.9% | 1.2% | 2.6% | 0.3% | 28.7% | 0.8% | 1.4% | 100.0% |

## 2) 투표성향

2018년 지방선거에서 정당투표 성향을 보면 교사들은 대부분 진보적이거나 중도적인 성향의 정당에 투표한 것으로 나타났다. 일반교사와 조합원의 투표성향은 비슷한 경향이 있지만 상당한 차이를 보이고 있다. 일반교사의 경우는 더불어민주당 64.5%, 정의당 16.5%, 자유한국당 2.0%인데 비해, 조합원의 경우는 더불어민주당 47.7%, 정의

〈그림 2-3〉 투표 성향(2018년 지방선거)

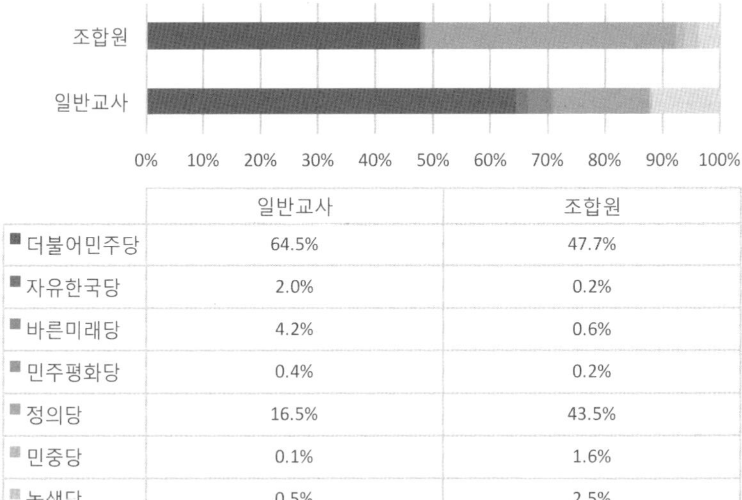


| | 일반교사 | 조합원 |
|---|---|---|
| 더불어민주당 | 64.5% | 47.7% |
| 자유한국당 | 2.0% | 0.2% |
| 바른미래당 | 4.2% | 0.6% |
| 민주평화당 | 0.4% | 0.2% |
| 정의당 | 16.5% | 43.5% |
| 민중당 | 0.1% | 1.6% |
| 녹색당 | 0.5% | 2.5% |
| 투표하지않음 | 11.8% | 3.7% |



당 43.5%, 자유한국당 0.2%로 나타났다(〈표 2-2〉, 〈그림 2-3〉). 교차분석 결과는 주관적 정치성향 교차분석 결과와 거의 같다. 연령별로 보면 연령이 높을수록 상대적으로 진보적인 투표성향을 보였으며, 성별로는 남성이 여성보다 상대적으로 진보적인 투표 성향을 보였다. 이러한 투표성향은 2014년 지방선거 투표성향과 비슷하지만 정의당 투표가 상당한 정도로 증가한 것이 돋보인다. 정의당 투표율은 2014년에는 10.9%였는데, 2019년에는 28.7%로 높아졌다. 이 수치는 2014년 통합진보당 투표율 13.8%와 정의당 투표율을 합친 24.7%보다 높아진 수치다.

〈표 2-3〉 현재 지지하는 정당은 어느 당입니까?

| | | 녹색당 | 더불어민주당 | 민주평화당 | 민중당 | 바른미래당 | 우리공화당 | 자유한국당 | 정의당 | 지지정당없음 | 전체 |
|---|---|---|---|---|---|---|---|---|---|---|---|
| 구분** | 일반교사 | 0.6% | 42.7% | 0.2% | | 1.8% | | 1.8% | 9.3% | 43.5% | 100.0% |
| | 조합원 | 3.3% | 47.8% | | 1.2% | | 0.2% | 0.3% | 28.5% | 18.7% | 100.0% |
| 연령** | 20대 | | 31.9% | 0.6% | | 2.5% | | | 4.3% | 60.7% | 100.0% |
| | 30대 | 1.3% | 44.4% | 0.3% | 0.5% | 0.5% | | 2.1% | 9.6% | 41.2% | 100.0% |
| | 40대 | 2.5% | 49.1% | | 0.8% | 1.0% | | | 21.0% | 25.6% | 100.0% |
| | 50대 이상 | 2.0% | 44.5% | | 0.5% | 1.0% | 0.3% | 2.3% | 26.7% | 22.6% | 100.0% |
| 성별** | 남 | 1.9% | 41.4% | | 0.7% | 1.7% | | 1.7% | 24.1% | 28.5% | 100.0% |
| | 여 | 1.7% | 46.2% | 0.2% | 0.5% | 0.8% | 0.1% | 1.0% | 15.3% | 34.3% | 100.0% |
| 전체 | | 1.8% | 44.9% | 0.1% | 0.5% | 1.0% | 0.1% | 1.2% | 17.7% | 32.6% | 100.0% |

### 3) 지지정당

지지정당을 물어본 결과는 투표성향과 비슷한 경향을 보였다. 전체적으로 더불어민주당이 44.9%로 가장 높고 정의당이 17.7%, 자유한국당이 1.2%로 나타났다(〈표 2-3〉, 〈그림 2-4〉). 연령별로는 연령이 높을수록, 성별로는 남성이 상대적으로 정의당 지지율이 높게 나타났다.

2014년과 비교하면 두 가지 뚜렷한 경향이 발견된다. 하나는 '지지

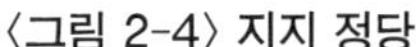
〈그림 2-4〉 지지 정당

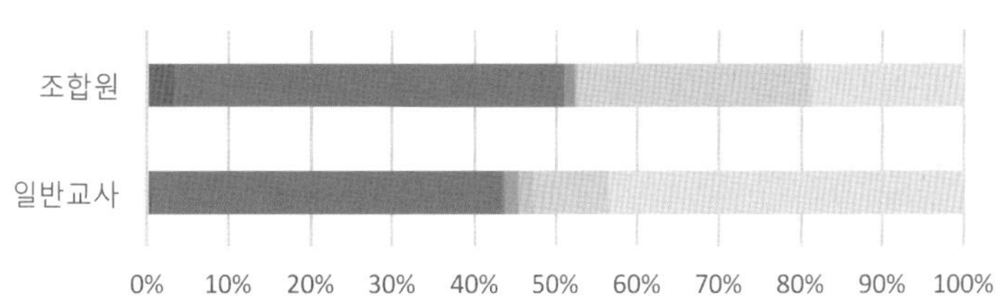


| | 일반교사 | 조합원 |
|---|---|---|
| 녹색당 | 0.6% | 3.3% |
| 더불어민주당 | 42.7% | 47.8% |
| 민주평화당 | 0.2% | |
| 민중당 | | 1.2% |
| 바른미래당 | 1.8% | |
| 우리공화당 | | 0.2% |
| 자유한국당 | 1.8% | 0.3% |
| 정의당 | 9.3% | 28.5% |
| 지지정당 없음 | 43.5% | 18.7% |

■ 녹색당 ■ 더불어민주당 ■ 민주평화당
■ 민중당 ■ 바른미래당 ■ 우리공화당
■ 자유한국당 ■ 정의당 ■ 지지정당 없음

하는 정당이 없다'고 응답한 무당층이 2014년에는 59.0%에 달했으나 2019년에는 34.4%로 여전히 많기는 하지만 상당히 줄어들었다. 다음으로 소수 진보정당이라 할 수 있는 정의당 투표율과 지지율이 상당히 높아졌다. 이는 한편으로 교사들의 정치적 무관심이 줄어들고 정치적 견해를 형성하고 표명하는 데 상당한 진전이 있다는 것을 보여준다고 하겠다.

〈표 2-4〉 현재 민주노총이 노동현안에 대해서 적절하게 대응하고 있다고 생각하십니까?

| | | 매우 잘하고 있다 | 잘하고 있다 | 보통이다 | 못하고 있다 | 매우 못하고 있다 | 전체 |
|---|---|---|---|---|---|---|---|
| 구분** | 일반교사 | 0.2% | 8.2% | 59.4% | 22.7% | 9.4% | 100.0% |
| | 조합원 | 0.9% | 13.4% | 54.3% | 26.7% | 4.6% | 100.0% |
| 연령** | 20대 | | 4.3% | 74.4% | 19.5% | 1.8% | 100.0% |
| | 30대 | 0.3% | 9.7% | 57.4% | 21.6% | 11.1% | 100.0% |
| | 40대 | 1.0% | 11.4% | 55.4% | 27.0% | 5.2% | 100.0% |
| | 50대 이상 | 0.5% | 13.1% | 52.1% | 26.3% | 8.0% | 100.0% |
| 전체 | | 0.6% | 10.5% | 57.1% | 24.5% | 7.3% | 100.0% |

### 4) 민주노총에 대한 견해

전교조가 소속된 민주노총의 활동에 대한 교사들의 견해를 알아보았다. '현재 민주노총이 노동현안에 대해서 적절하게 대응하고 있다고 생각하십니까?'라는 문항에 대하여 전체적으로 긍정적인 응답이 11.1%, 부정적인 응답이 31.8%, '보통이다'라는 응답이 57.1%로 부정적인 응답률이 더 높았다(〈표 2-4〉). 일반교사보다 조합원의 경우 부정적인 응답률이 더 높았으며, 연령별로는 연령이 높을수록 부정적인 응답률이 더 높게 나타났다. 특히 조합원들은 법외노조라는 어려운 상황에 처한 전교조의 상급조직으로서 민주노총이 적절한 대응을 제대로 하지 못하고 있다고 느끼고 있는 것이다.

## 2. 사회경제 정책에 대한 견해

### 1) 규제완화와 민영화

교사들의 정치사회의식을 좀 더 구체적으로 알아보기 위해 현재 정부가 추진하고 있는 여러 사회경제 정책들에 대한 견해를 조사했다. 우선 신자유주의 정책들에 대한 찬반 의견을 물어보았다.

'규제완화와 민영화는 필요하다'는 문항에 대하여 찬성이 30.1%, 반대가 35.3%로 반대 응답률이 약간 높게 나타났으며 '잘 모름'이 34.7%로 상당히 높게 나타났다. 일반교사(26.2%)보다 조합원(46.6%)의 반대 응답률이 더 높게 나타났다. 연령별로는 연령이 높을수록, 성별로는 여성보다 남성이 찬성과 반대 비율이 모두 높게 나타났다. 반대로 연령이 낮을수록, 남성보다 여성의 경우 '잘 모름'이라고 응답한 비율이 높았다(〈표 2-5〉). 이는 연령별, 성별 정치적 관심을 반영하는 것으로 판단된다.

시기별로 비교하면 흥미로운 경향이 발견된다. 2005년 조사에서는 '국가경쟁력을 위해 기업 활동에 대한 규제를 더 완화해야 한다'는 문항에 일반교사의 경우 반대 응답률이 24.5%로 낮았으나 2014년 조사에서는 '규제완화와 민영화'에 대해 반대 응답률이 45.8%로 올라갔으

〈표 2-5〉 규제완화와 민영화는 필요하다

| | | 찬성 | 반대 | 잘 모름 | 전체 |
|---|---|---|---|---|---|
| 구분** | 일반교사 | 33.7% | 26.2% | 40.1% | 100.0% |
| | 조합원 | 25.6% | 46.6% | 27.8% | 100.0% |
| 연령** | 20대 | 18.3% | 31.4% | 50.3% | 100.0% |
| | 30대 | 25.3% | 35.4% | 39.4% | 100.0% |
| | 40대 | 31.3% | 34.4% | 34.4% | 100.0% |
| | 50대 이상 | 38.1% | 37.8% | 24.1% | 100.0% |
| 성별** | 남 | 34.3% | 39.8% | 25.9% | 100.0% |
| | 여 | 28.4% | 33.5% | 38.1% | 100.0% |
| 전체 | | 30.1% | 35.3% | 34.7% | 100.0% |

〈그림 2-5〉 규제완화와 민영화 반대

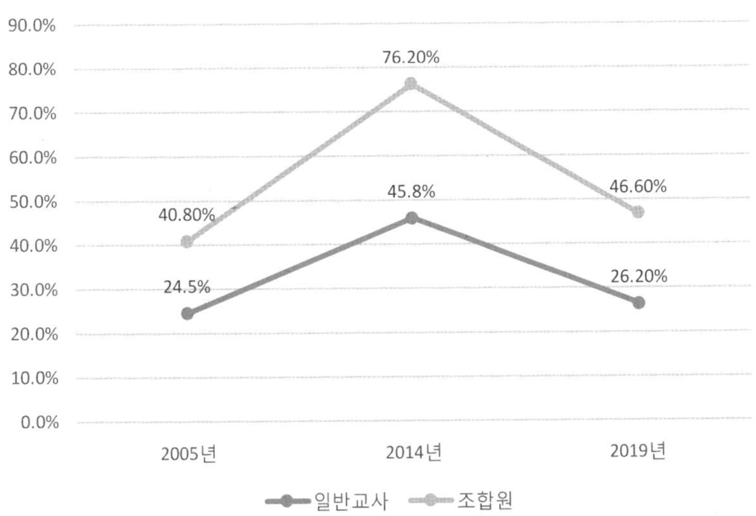

며 2019년에는 26.2%로 다시 낮아졌다(〈그림 2-5〉). 그런데 '잘 모름'이라고 응답한 비율이 전체적으로 2014년 18.8%이던 것이 2019년에는 40.1%로 상당히 높아졌다. 이러한 결과는 이명박 · 박근혜 정부 시기에 신자유주의적 정책이 강화되다가 문재인 정부가 들어선 이후 다소 완화된 때문이 아닌가 생각된다.

### 2) 비정규직 문제

'비정규직은 불가피하다'라는 문항에 대한 응답은 전체적으로 찬성이 38.4%, 반대가 37.8%로 거의 비슷하게 나타났다. 일반교사(45.8%)의 찬성 비율이 조합원(29.2%)의 찬성 비율보다 더 높게 나타났다. 연령별로는 연령이 낮을수록 찬성비율이 더 높고, 여성이 남성보다 찬성 비율이 더 높게 나타났다(〈표 2-6〉). 연령이 낮을수록 반대비율이 상대적으로 낮은 것은 젊은 층의 상대적으로 보수적인 정치성향을 반영하는 것이기도 하고 비정규직의 존재를 현실적으로 불가피한 것으로 수용하는 정도가 커졌기 때문인 것으로 보인다.

2005년 조사와 비교하면, 2005년에 일반교사는 반대 비율이 47.7%였으나 2014년에는 59.2%로 올라갔다가 2019년에는 27.6%로 상당히 떨어졌고, 조합원의 경우에는 2005년 58.9%에서 2014년 84.4%로 올라갔다가 2019년에는 50.5%로 내려갔다(〈그림 2-6〉). 이는 이명박 · 박근혜 정부 시기 노골적인 신자유주의 정책을 편 데 대한 반대 정서로 비정규직에 대한 반대가 많았으나, 점차 현실적으로 불가피하다는 생각이 증가한 때문으로 해석된다.

〈표 2-6〉 비정규직은 불가피하다

| | | 찬성 | 반대 | 잘 모름 | 전체 |
|---|---|---|---|---|---|
| 구분** | 일반교사 | 45.8% | 27.6% | 26.6% | 100.0% |
| | 조합원 | 29.2% | 50.5% | 20.3% | 100.0% |
| 연령** | 20대 | 50.6% | 24.1% | 25.3% | 100.0% |
| | 30대 | 43.4% | 32.4% | 24.2% | 100.0% |
| | 40대 | 34.5% | 40.2% | 25.2% | 100.0% |
| | 50대 이상 | 34.2% | 45.0% | 20.8% | 100.0% |
| 성별** | 남 | 34.8% | 43.7% | 21.5% | 100.0% |
| | 여 | 39.9% | 35.4% | 24.7% | 100.0% |
| 전체 | | 38.4% | 37.8% | 23.8% | 100.0% |

〈그림 2-6〉 비정규직 반대

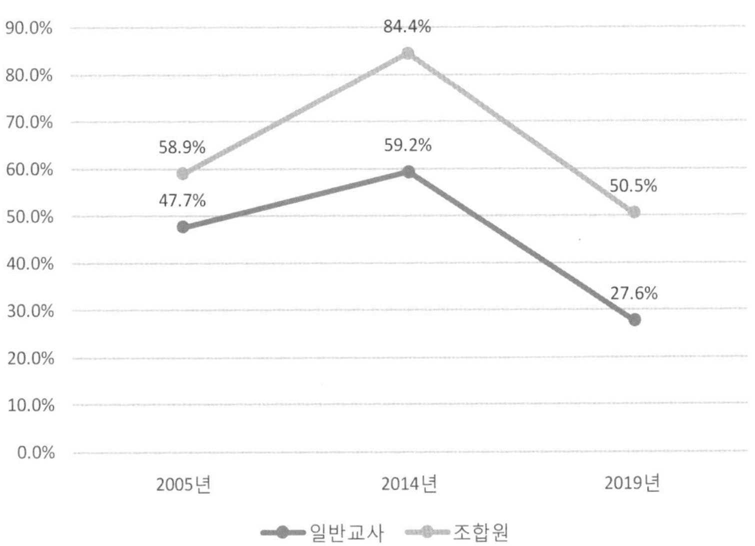

〈표 2-7〉 국가보안법은 폐지되어야 한다

| | | 찬성 | 반대 | 잘 모름 | 전체 |
|---|---|---|---|---|---|
| 구분** | 일반교사 | 47.8% | 14.7% | 37.5% | 100.0% |
| | 조합원 | 78.9% | 5.4% | 15.7% | 100.0% |
| 연령** | 20대 | 24.3% | 62.7% | 13.0% | 100.0% |
| | 30대 | 46.4% | 37.5% | 16.1% | 100.0% |
| | 40대 | 71.3% | 22.4% | 6.3% | 100.0% |
| | 50대 이상 | 78.0% | 12.0% | 10.0% | 100.0% |
| 급별** | 초등학교 | 57.5% | 9.7% | 32.8% | 100.0% |
| | 중학교 | 62.1% | 12.9% | 25.0% | 100.0% |
| | 고등학교 | 67.0% | 8.5% | 24.5% | 100.0% |
| 성별** | 남 | 68.7% | 12.1% | 19.2% | 100.0% |
| | 여 | 58.8% | 10.0% | 31.3% | 100.0% |
| 전체 | | 61.6% | 10.5% | 27.8% | 100.0% |

### 3) 국가보안법 폐지

교사들은 반공 이데올로기의 마지막 보루가 되어 사상과 표현의 자유를 억압하는 대표적인 악법인 국가보안법은 폐지되어야 한다는 의견을 대부분 가지고 있는 것으로 나타났다. '국가보안법은 폐지되어야 한다'는 문항에 대하여 전체적으로 찬성은 61.6%인 데 비해 반대는 10.5%에 불과하다. 국가보안법 폐지에 대한 조합원(78.9%)의 찬성률은 일반교사(47.8%)보다 훨씬 높게 나타났다(〈표 2-7〉). 연령별로는 연

〈그림 2-7〉 국가보안법 폐지 찬성

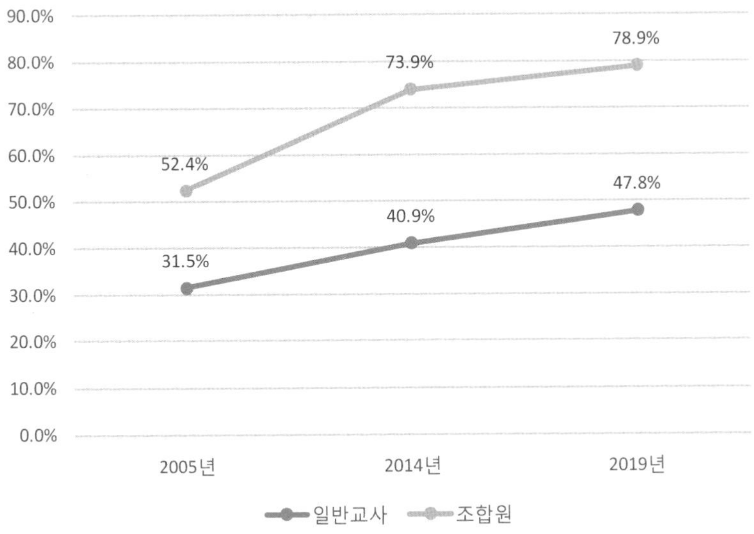


령이 높을수록, 성별로는 여성보다는 남성의 폐지 찬성률이 높게 나타났다.

2005년 조사와 비교해 보면, 일반교사의 경우는 2005년 31.5%, 2014년 40.9%에서 2019년에는 47.8%로 폐지 찬성률이 약간 높아졌으며, 조합원의 경우는 2005년 52.4%, 2014년 73.9%에서 2019년에는 78.9%로 지속적으로 높아졌다(〈그림 2-7〉). 국가보안법 폐지는 이제 교사들 사이에서는 당연한 것으로 인식되고 있는 것으로 보인다.

〈표 2-8〉 에너지공급을 위해 원자력은 필요하다

| | | 찬성 | 반대 | 잘 모름 | 전체 |
|---|---|---|---|---|---|
| 구분** | 일반교사 | 33.2% | 39.2% | 27.6% | 100.0% |
| | 조합원 | 14.6% | 73.0% | 12.3% | 100.0% |
| 연령** | 20대 | 30.0% | 34.1% | 35.9% | 100.0% |
| | 30대 | 27.1% | 44.5% | 28.4% | 100.0% |
| | 40대 | 22.1% | 61.9% | 16.0% | 100.0% |
| | 50대 이상 | 24.6% | 61.7% | 13.8% | 100.0% |
| 성별** | 남 | 35.5% | 49.1% | 15.4% | 100.0% |
| | 여 | 20.8% | 56.2% | 23.0% | 100.0% |
| 전체 | | 24.9% | 54.2% | 20.9% | 100.0% |

## 4) 원자력 정책

'에너지공급을 위해 원자력은 필요하다'는 문항에 대한 응답은 찬성이 24.9%인 데 비해 반대는 54.2%로 나타났다(〈표 2-8〉). 일반교사(39.2%)에 비해 조합원(73.0%)의 반대 비율이 훨씬 높게 나타났다. 연령별로는 연령이 높을수록 반대 비율이 더 높게 나타난 것은 다른 사안과 크게 다르지 않은데, 성별로는 여성의 반대 비율이 남성보다 높아 다른 정부 정책에 대한 견해와는 상이하게 나타났다. 여성이 남성보다 원자력으로 인한 위험과 건강에 대한 관심이 남성보다 더 큰 것으로 해석할 수 있겠다.

2014년 조사와 비교하면, 2014년에는 반대 비율이 60.7%에 달했는

〈표 2-9〉 대북지원과 투자는 계속되어야 한다

| | | 찬성 | 반대 | 잘 모름 | 전체 |
|---|---|---|---|---|---|
| 구분 | 일반교사 | 49.7% | 22.0% | 28.3% | 100.0% |
| | 조합원 | 80.3% | 6.5% | 13.2% | 100.0% |
| 연령** | 20대 | 31.4% | 29.0% | 39.6% | 100.0% |
| | 30대 | 51.1% | 20.6% | 28.3% | 100.0% |
| | 40대 | 74.4% | 10.3% | 15.3% | 100.0% |
| | 50대 이상 | 73.7% | 10.3% | 16.0% | 100.0% |
| 전체 | | 63.4% | 15.1% | 21.6% | 100.0% |

데, 2019년에는 54.2%로 다소 낮아졌다. 이러한 현상은 최근 들어 원자력 발전소에 관련된 논란이 뜸한 것이 이유 가운데 하나로 작용하고 있지 않나 추측된다. 하지만 조합원과 일반교사, 연령별, 성별 교차 분석에서는 일관된 경향을 보였다.

## 5) 대북지원과 투자

'대북지원과 투자는 계속되어야 한다'는 문항에 대하여 찬성 응답 비율이 63.4%인 데 비해 반대 응답은 15.1%로 나타났다(〈표 2-9〉). 일반교사(49.7%)보다 조합원(80.3%)의 찬성률이 높고, 연령별로는 연령이 높을수록 찬성률이 높아 다른 정책들과 비슷한 경향을 보였다.

시기별로 보면 일반교사의 경우는 2005년 47.5%, 2014년 46.8%에서 49.7%로 찬성 비율이 약간 높아졌으며, 조합원의 경우는 2005

〈그림 2-8〉 대북지원과 투자 찬성

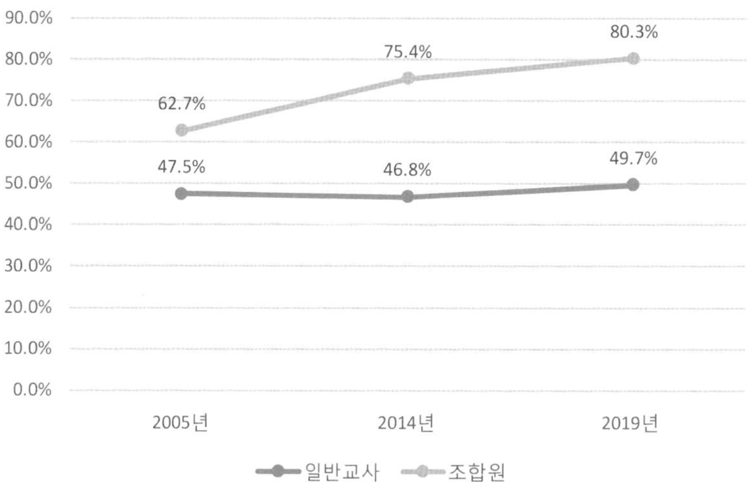


년 62.7%, 2014년 75.4%에서 2019년 80.3%로 상당히 높아졌다(〈그림 2-8〉). 문재인 정부에 들어와서 남북정상 회담이 열리고 긴장완화 분위기가 조성된 것이 주요한 원인으로 작용한 것이라 할 수 있다.

## 6) 게임규제

'게임규제는 필요하다'는 문항에 대하여 찬성이 66.6%, 반대가 17.0%로 찬성 비율이 상당히 높다(〈표 2-10〉). 일반교사(65.0%)보다 조합원(68.5%)의 찬성률이 다소 높게 나타났으며, 연령별로는 40대가, 학교 급별로는 초등학교, 중학교, 고등학교 순으로, 성별로는 남성보다 여성의 찬성 비율이 높게 나타났다.

2014년 조사와 비교하면, 2014년에는 찬성률이 65.3%였는데 2019

〈표 2-10〉 게임규제는 필요하다

| | | 찬성 | 반대 | 잘 모름 | 전체 |
|---|---|---|---|---|---|
| 구분 | 일반교사 | 65.0% | 18.5% | 16.5% | 100.0% |
| | 조합원 | 68.5% | 15.2% | 16.4% | 100.0% |
| 연령** | 20대 | 39.1% | 31.4% | 29.6% | 100.0% |
| | 30대 | 58.0% | 24.0% | 17.9% | 100.0% |
| | 40대 | 79.1% | 11.2% | 9.7% | 100.0% |
| | 50대 이상 | 69.4% | 12.7% | 17.9% | 100.0% |
| 급별** | 초등학교 | 72.5% | 15.2% | 12.3% | 100.0% |
| | 중학교 | 65.8% | 16.5% | 17.7% | 100.0% |
| | 고등학교 | 59.7% | 19.9% | 20.4% | 100.0% |
| 성별** | 남 | 50.2% | 31.3% | 18.5% | 100.0% |
| | 여 | 72.9% | 11.5% | 15.6% | 100.0% |
| 전체 | | 66.6% | 17.0% | 16.4% | 100.0% |

년에는 66.6%로 약간 높아졌다. 2014년 조사에서는 연령, 학교 급별 교차분석에서 통계적으로 유의미한 차이가 없었는데 2019년 조사에서는 차이가 나타났다.

### 7) 성소수자 인권

'성소수자의 인권은 보장되어야 한다'는 문항에 대하여 전체적으로 79.1%로 찬성이 매우 높으며 반대는 7.1%에 불과했다(〈표 2-11〉).

〈표 2-11〉 성소수자의 인권은 보장되어야 한다

| | | 찬성 | 반대 | 잘 모름 | 전체 |
|---|---|---|---|---|---|
| 구분** | 일반교사 | 71.6% | 9.5% | 18.9% | 100.0% |
| | 조합원 | 88.4% | 4.0% | 7.6% | 100.0% |
| 연령** | 20대 | 70.6% | 4.7% | 24.7% | 100.0% |
| | 30대 | 74.5% | 9.2% | 16.3% | 100.0% |
| | 40대 | 83.7% | 6.0% | 10.2% | 100.0% |
| | 50대 이상 | 81.4% | 7.1% | 11.5% | 100.0% |
| 급별** | 초등학교 | 79.0% | 7.8% | 13.1% | 100.0% |
| | 중학교 | 74.8% | 9.2% | 15.9% | 100.0% |
| | 고등학교 | 84.0% | 3.5% | 12.5% | 100.0% |
| 성별** | 남 | 74.4% | 7.6% | 18.0% | 100.0% |
| | 여 | 80.9% | 6.9% | 12.2% | 100.0% |
| 전체 | | 79.1% | 7.1% | 13.8% | 100.0% |

일반교사(71.6%)보다 조합원(88.4%)의 찬성률이 높았으며, 연령별로는 40대가, 학교 급별로는 고등학교, 초등학교, 중학교 순으로, 성별로는 남성보다 여성의 찬성률이 더 높게 나타났다.

2014년 조사에서는 '동성결혼을 합법화해야 한다'으로 조사했는데, 이 문항에 대해서는 찬성이 35.2%, 반대가 32.3%로 찬성이 반대보다 약간 우세한 정도였다. 이보다 이번 조사의 찬성률이 많이 높아진 것은 설문 문항의 차이 때문이기도 하겠지만, 일정 정도는 인권 의식이 성장한 것을 반영한 것이라고 볼 수 있다.

〈표 2-12〉 세월호 참사 전면 재조사와 특별조사단이 설치되어야 한다

| | | 찬성 | 반대 | 잘 모름 | 전체 |
|---|---|---|---|---|---|
| 구분** | 일반교사 | 68.6% | 11.4% | 20.0% | 100.0% |
| | 조합원 | 92.1% | 1.9% | 6.0% | 100.0% |
| 연령** | 20대 | 58.2% | 7.6% | 34.1% | 100.0% |
| | 30대 | 74.7% | 9.5% | 15.8% | 100.0% |
| | 40대 | 87.9% | 3.6% | 8.5% | 100.0% |
| | 50대 이상 | 80.3% | 9.6% | 10.1% | 100.0% |
| 전체 | | 79.1% | 7.2% | 13.7% | 100.0% |

### 8) 세월호 재조사

'세월호 참사 전면 재조사와 특별조사단이 설치되어야 한다'는 문항에 대하여 전체적으로 찬성이 79.1%로 압도적이며 반대는 7.2%에 불과하다(〈표 2-12〉). 일반교사(68.6%)보다 조합원(92.1%)의 찬성률이 상당히 높았으며, 연령별로는 40대의 찬성률이 가장 높게 나타났다.

2014년에는 비슷한 문항으로 '세월호 참사 진상규명을 위한 기소권, 수사권이 보장된 특별법이 제정되어야 한다'는 문항으로 조사했다. 이 문항에 대하여 찬성이 76.0%, 반대가 9.7%로 2019년 조사와 비슷하게 찬성이 압도적으로 나타났다. 일반교사와 조합원, 연령별 교차분석에서도 비슷한 경향을 보였다.

〈표 2-13〉 교원 · 공무원의 정치기본권은 보장되어야 한다

| | | 찬성 | 반대 | 잘 모름 | 전체 |
|---|---|---|---|---|---|
| 구분** | 일반교사 | 79.1% | 4.9% | 16.0% | 100.0% |
| | 조합원 | 93.5% | 1.1% | 5.4% | 100.0% |
| 연령** | 20대 | 76.5% | 2.9% | 20.6% | 100.0% |
| | 30대 | 81.6% | 3.9% | 14.5% | 100.0% |
| | 40대 | 88.4% | 2.7% | 8.9% | 100.0% |
| | 50대 이상 | 89.2% | 3.4% | 7.4% | 100.0% |
| 전체 | | 85.5% | 3.2% | 11.3% | 100.0% |

〈표 2-14〉 교원 · 공무원의 노동3권(단결권, 단체교섭권, 단체행동권)은 보장되어야 한다

| | | 찬성 | 반대 | 잘 모름 | 전체 |
|---|---|---|---|---|---|
| 구분** | 일반교사 | 82.1% | 1.8% | 16.1% | 100.0% |
| | 조합원 | 96.3% | | 3.7% | 100.0% |
| 연령** | 20대 | 75.3% | | 24.7% | 100.0% |
| | 30대 | 86.3% | 1.8% | 11.9% | 100.0% |
| | 40대 | 91.5% | 0.6% | 8.0% | 100.0% |
| | 50대 이상 | 91.9% | 1.2% | 6.9% | 100.0% |
| 전체 | | 88.4% | 1.0% | 10.6% | 100.0% |

### 9) 교원 · 공무원의 정치기본권

'교원 · 공무원의 정치기본권은 보장되어야 한다'는 문항에 대해서는 전체적으로 찬성이 85.5%, 반대가 3.2%로 찬성이 압도적이다. 일반교사(79.1%)보다 조합원(93.5%)의 찬성률이 높았으며, 연령별로는 연령이 높을수록 찬성률이 높았다(〈표 2-13〉).

2014년 조사에서는 찬성이 81.6%였는데 2019년에는 찬성이 85.5%로 더 높아졌다. 교원의 정치기본권 보장에 대한 교사들의 열망이 매우 높다는 것을 확인할 수 있다.

### 10) 교원 · 공무원의 노동3권

'교원 · 공무원의 노동3권(단결권, 단체교섭권, 단체행동권)은 보장되어야 한다'는 문항에 대하여 찬성이 88.4%로 압도적이며 반대는 1.0%에 불과하다. 일반교사(82.1%)보다 조합원(96.3%)의 찬성률이 높았으며, 연령별로는 연령이 높을수록 찬성률이 높았다(〈표 2-14〉).

〈그림 2-9〉는 위의 10가지 사회경제 정책에 대한 의식을 한눈에 비교할 수 있도록 나타낸 것이다.

〈그림 2-9〉 사회경제 정책에 대한 견해(찬성)

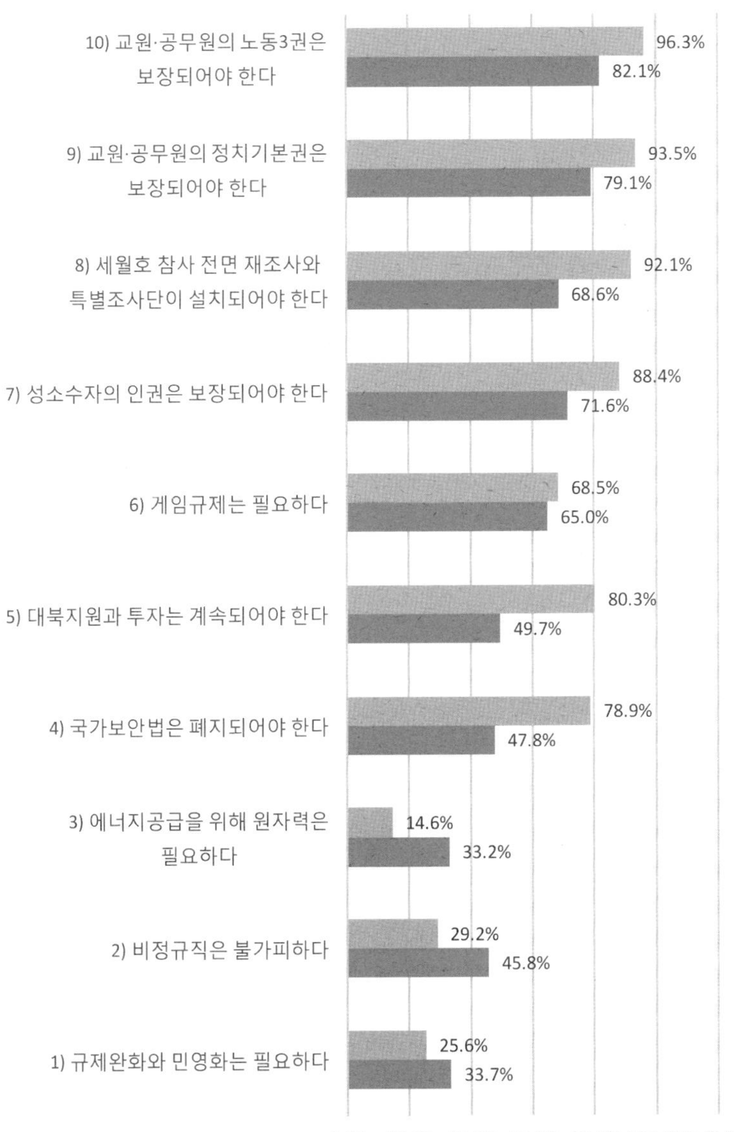
10) 교원·공무원의 노동3권은 보장되어야 한다
96.3%
82.1%
9) 교원·공무원의 정치기본권은 보장되어야 한다
93.5%
79.1%
8) 세월호 참사 전면 재조사와 특별조사단이 설치되어야 한다
92.1%
68.6%
7) 성소수자의 인권은 보장되어야 한다
88.4%
71.6%
6) 게임규제는 필요하다
68.5%
65.0%
5) 대북지원과 투자는 계속되어야 한다
80.3%
49.7%
4) 국가보안법은 폐지되어야 한다
78.9%
47.8%
3) 에너지공급을 위해 원자력은 필요하다
14.6%
33.2%
2) 비정규직은 불가피하다
29.2%
45.8%
1) 규제완화와 민영화는 필요하다
25.6%
33.7%
0.0% 20.0% 40.0% 60.0% 80.0% 100.0% 120.0%
■ 조합원 ■ 일반교사

# 3. 정치 현안에 대한 의식: 이른바 조국사태에 관하여

2019년 하반기 이른바 조국사태는 검찰을 핵심으로 하는 권력기구 개혁 논의를 촉발했을 뿐 아니라 대학입시의 공정성 문제를 전 사회적으로 제기하는 구실을 했다. 이번 조사가 한참 조국사태가 진행되던 시기에 이루어졌기 때문에 조국사태에서 제기된 쟁점에 대한 교사들의 의식을 조사했다. '조국사태 이후 다음 과제에 대하여 어떻게 생각하십니까?'라는 질문에 대해 세 가지 사항에 대한 응답을 분석했다.

우선 '검찰개혁이 필요하다'는 문항에 대하여 '매우 그렇다'가 77.7%, '대체로 그렇다'가 19.4%로 97.1%가 긍정적으로 응답한 반면 부정적인 응답은 2.9%에 불과하다. 교사들의 검찰개혁에 대한 열망을 확인할 수 있다. 5점 척도로 나타내보면 일반교사(4.57점)보다 조합원(4.88점)의 긍정적인 응답률이 높았으며, 연령별로는 40대가, 성별로는 여성의 긍정적인 응답률이 더 높게 나타났다. 성별로 여성의 긍정적인 응답률이 더 높은 것은 다른 사안과 달라 흥미롭다(〈표 2-15〉).

다음으로 '입시제도의 공정성 확보가 필요하다'는 문항에 대하여 '매우 그렇다'가 74.7%, '대체로 그렇다'가 23.3%로 97.0%가 긍정적으로 응답한 반면 부정적인 응답은 3.0%에 불과하다. 5점 척도로 나타내보면 일반교사(4.69점)와 조합원(4.68점) 사이에 통계적으로 유의미한 차이가 없이 매우 높은 점수이다. 연령별로는 연령이 높을수록, 성별로는 여성이, 학교 급별로는 초등학교, 중학교, 고등학교 순으로 긍정적인 응답률이 더 높게 나타났지만 워낙 점수가 높아 중요한 차이

〈표 2-15〉 검찰개혁이 필요하다

| | | 평균 | 표준편차 | 매우 그렇다 | 대체로 그렇다 | 별로 그렇지 않다 | 전혀 그렇지 않다 | 전체 | 유효 사례수 |
|---|---|---|---|---|---|---|---|---|---|
| 구분** | 일반교사 | 4.57 | 0.782 | 68.5% | 26.6% | 3.7% | 1.2% | 100.0% | 835 |
| | 조합원 | 4.88 | 0.376 | 89.2% | 10.4% | 0.3% | 0.2% | 100.0% | 664 |
| 연령** | 20대 | 4.50 | 0.732 | 58.8% | 37.1% | 3.5% | 0.6% | 100.0% | 170 |
| | 30대 | 4.67 | 0.642 | 72.8% | 24.5% | 2.1% | 0.5% | 100.0% | 379 |
| | 40대 | 4.80 | 0.522 | 83.8% | 14.6% | 1.1% | 0.4% | 100.0% | 526 |
| | 50대 이상 | 4.71 | 0.758 | 81.7% | 13.7% | 3.2% | 1.5% | 100.0% | 409 |
| 성별** | 남 | 4.63 | 0.832 | 76.6% | 17.7% | 3.8% | 1.9% | 100.0% | 419 |
| | 여 | 4.74 | 0.566 | 78.1% | 20.0% | 1.6% | 0.3% | 100.0% | 1078 |
| 전체 | | 4.71 | 0.653 | 77.7% | 19.4% | 2.2% | 0.7% | 100.0% | 1499 |

라고 보기는 힘들다(〈표 2-16〉).

'교육불평등을 해소해야 한다'는 문항에 대하여 '매우 그렇다'가 55.2%, '대체로 그렇다'가 38.1%로 93.3%가 긍정적으로 응답한 반면 부정적인 응답은 6.7%에 불과하다. 5점 척도로 나타내보면 일반교사(4.38점)와 조합원(4.44점) 사이에 통계적으로 유의미한 차이가 없이 매우 높은 점수이다. 학교 급별로 초등학교, 중학교, 고등학교 순으로 위의 항목에 대한 응답과 비슷하게 긍정적인 응답률이 더 높게 나타났다. '교육불평등을 해소해야 한다'는 항목에 대한 긍정적인 응답률

〈표 2-16〉 입시제도의 공정성 확보가 필요하다

| | | 평균 | 표준 편차 | 매우 그렇다 | 대체로 그렇다 | 별로 그렇지 않다 | 전혀 그렇지 않다 | 전체 | 유효 사례수 |
|---|---|---|---|---|---|---|---|---|---|
| 구분 | 일반 교사 | 4.69 | 0.623 | 73.9% | 23.6% | 2.2% | 0.4% | 100.0% | 836 |
| | 조합원 | 4.68 | 0.638 | 74.2% | 22.9% | 2.6% | 0.3% | 100.0% | 664 |
| 연령** | 20대 | 4.63 | 0.584 | 65.9% | 32.9% | 0.6% | 0.6% | 100.0% | 170 |
| | 30대 | 4.65 | 0.634 | 70.8% | 26.3% | 2.9% | | 100.0% | 380 |
| | 40대 | 4.70 | 0.617 | 76.0% | 21.1% | 2.9% | | 100.0% | 526 |
| | 50대 이상 | 4.71 | 0.665 | 77.8% | 19.3% | 2.0% | 1.0% | 100.0% | 409 |
| 성별** | 남 | 4.63 | 0.751 | 72.8% | 22.7% | 3.6% | 1.0% | 100.0% | 419 |
| | 여 | 4.71 | 0.575 | 74.6% | 23.4% | 1.9% | 0.1% | 100.0% | 1079 |
| 급별** | 초등 학교 | 4.77 | 0.525 | 79.6% | 18.9% | 1.3% | 0.2% | 100.0% | 560 |
| | 중학교 | 4.67 | 0.654 | 73.8% | 23.2% | 2.6% | 0.4% | 100.0% | 465 |
| | 고등 학교 | 4.59 | 0.711 | 67.2% | 28.8% | 3.5% | 0.4% | 100.0% | 458 |
| 전체 | | 4.68 | 0.630 | 74.1% | 23.3% | 2.3% | 0.3% | 100.0% | 1500 |

이 위의 두 문항에 대한 응답보다 다소 낮지만 큰 차이는 아니다(〈표 2-17〉).

이번 조사에서 나타난 교사들의 견해를 통해 조국사태가 검찰개혁뿐 아니라 입시제도의 공정성과 교육 불평등 문제를 심각하게 제기했

〈표 2-17〉 교육불평등을 해소해야 한다

| | | 평균 | 표준편차 | 매우 그렇다 | 대체로 그렇다 | 별로 그렇지 않다 | 전혀 그렇지 않다 | 전체 | 유효 사례수 |
|---|---|---|---|---|---|---|---|---|---|
| 구분 | 일반교사 | 4.38 | 0.852 | 53.9% | 38.6% | 6.7% | 0.7% | 100.0% | 836 |
| | 조합원 | 4.44 | 0.804 | 56.9% | 37.4% | 4.8% | 0.9% | 100.0% | 663 |
| 급별** | 초등학교 | 4.50 | 0.797 | 62.1% | 32.6% | 4.3% | 1.1% | 100.0% | 562 |
| | 중학교 | 4.40 | 0.827 | 54.1% | 39.2% | 6.1% | 0.6% | 100.0% | 462 |
| | 고등학교 | 4.30 | 0.873 | 47.8% | 43.7% | 7.9% | 0.7% | 100.0% | 458 |
| 전체 | | 4.41 | 0.831 | 55.2% | 38.1% | 5.9% | 0.8% | 100.0% | 1499 |

음을 확인할 수 있다. 〈그림 2-10〉은 조국사태에 관한 문항에 대한 응답을 비교한 것이다.

## 4. 소결

교사들의 정치적 성향은 대체로 진보적인 것으로 나타났는데, 2005년과 2014년 조사보다 진보적 성향이 더 강화되었다. 이처럼 일반교사와 조합원 모두 주관적 정치 성향이 진보적으로 된 데에는 적어도 두 가지 요인이 작용한 것으로 보인다. 우선 이명박, 박근혜 정부를 거치면서 한국사회가 우경화된 것에 대한 반사 작용이 주요한

〈그림 2-10〉 조국 사태 이후

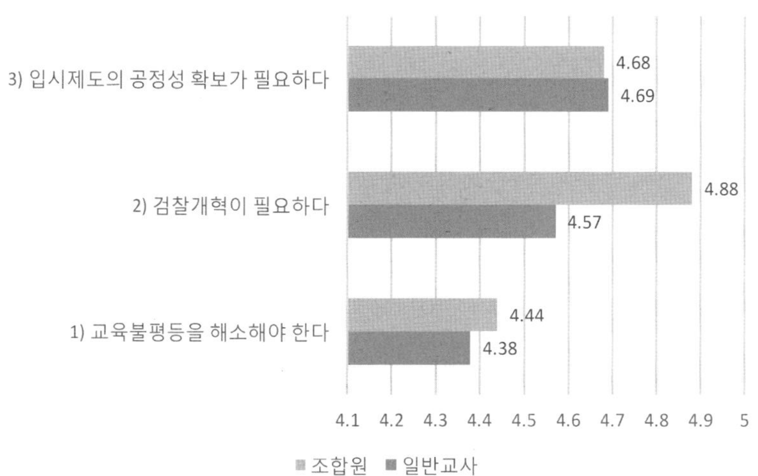


요인이라고 할 수 있다. 다음으로 일반교사보다 전교조 조합원의 진보적 성향이 크게 증가한 것은 그러한 환경적 요인과 더불어 약 10여 년 간의 조합원 구성의 변화가 작용한 것으로 보인다. 즉, 2005년에 약 9만 2천여 명이었던 조합원이 2019년에는 약 4만 8천여 명으로 줄어 이른바 조합원이 '소수정예화'가 크게 작용한 것으로 보인다. 탈퇴한 조합원은 진보적 성향이 약한 조합원일 가능성이 크기 때문이다.

연령별로 연령이 높을수록 진보적인 성향이 더 강한 것은 2005년 조사 및 2014년 조사와 일관된 경향이다. 일반적으로 젊은 세대가 진보적이라는 통념은 교사들의 연령별 의식에서는 거꾸로 나타나고 있는 것이다. 이러한 현상은 한국 현대사에서 각 세대들의 세대 경험의 차이에 기인하는 것으로 해석된다. 그러한 세대 경험의 차이에는 주로

1987년 6월 민주항쟁과 1997년 IMF 경제위기가 중요한 변곡점으로 작용한 것으로 보인다.

학교 급별로는 2014년 조사에서는 초등학교 교사가 가장 진보적으로 나타났는데, 2019년 조사에서는 2005년 조사와 마찬가지로 고등학교 교사가 가장 진보적이고 초등학교가 가장 보수적으로 나타났다. 성별로는 여성보다 남성이 상대적으로 진보적인 성향을 보였다.

교사들의 투표 성향과 지지 정당에서 나타난 객관적인 정치의식을 보면 교사가 현재 한국의 정치지형에서 진보적인 집단임을 알 수 있다. 2014년 조사에 비해 상대적으로 진보적인 정당에 대한 투표와 지지가 증가했으며, 특히 조합원의 경우 정의당에 대한 투표와 지지가 상당히 증가한 것이 눈에 띈다. 또 한 가지, 2014년 조사에서는 '지지 정당이 없다'고 응답한 비율이 59.0%에 달했으나 2019년 조사에서는 32.6%로 대폭 줄어들었다는 점은 주목할 만하다. 조사 당시 '연동형 비례대표제'가 주요한 의제가 되면서 정당 지지에 대한 관심이 높아진 것이 한 요인으로 작용한 것 같다. 한국의 정당 체제가 사회계급과 집단의 이해관계를 제대로 반영하지 못해 온 것이 근본적인 문제였는데, 이러한 현상은 정당정치가 발전할 수 있는 가능성을 보여주는 것은 아닐까?

쟁점이 되고 있는 여러 사회경제 정책들에 대한 교사의 의식은 상대적으로 진보적인 정치적 성향을 잘 반영하고 있다. 지난 20여 년 동안 강도 높게 추진되어 온 각종 신자유주의 정책들에 대해서는 미묘한 변화가 일어나고 있는 것 같다. '규제완화와 민영화'에 대하여 2005년 조사보다 2014년 조사에서 반대 응답률이 높아졌으나 2019년에는

2014년보다 반대 응답률이 다소 낮아졌다. '비정규직은 불가피하다'라는 문항에 대해서도 이와 비슷한 경향을 보였다. 이러한 결과는 이명박 · 박근혜 정부 시기에 신자유주의적 정책이 강화되다가 문재인 정부가 들어선 이후 다소 완화된 때문이 아닌가 생각된다. 또 비정규직이 현실적으로 불가피하다는 생각이 증가한 것도 한 요인으로 작용한 것으로 보인다.

국가보안법 폐지에 대한 의식은 남북관계 사정의 부침에 관계없이 지속적으로 찬성 의견이 높아지는 양상을 보이고 있다. 찬성 의견이 압도적이어서 이제 교사들 사이에서는 국가보안법의 정당성이 거의 없어진 것으로 보인다. 그 외 원자력 정책, 게임 규제, 성소수자 인권 보호, 세월호 참사 전면 재조사 등 다른 여러 가지 사회경제 정책들에서도 교사들은 대체로 진보적인 성향을 보이고 있으며 일반교사보다 전교조 조합원의 의식이 모든 항목에서 일관되게 더 진보적인 것으로 나타났다. 교원과 공무원의 정치기본권 보장과 노동 3권 보장에 대해서는 거의 전 교사들이 찬성 의견을 보이고 있어 교사들의 열망이 얼마나 큰지 알 수 있다.

이번 조사에서 추가한 조국사태에 관련된 문항들에는 예상한 바이지만 당시 제기된 문제에 대한 교사들의 인식이 매우 높다는 것을 확인할 수 있었다. '검찰 개혁'과 '입시 공정성', '교육불평등 해소'라는 쟁점에 교사들은 압도적인 지지를 보여주었다. '입시 공정성'에 대해서는 일반교사와 조합원이 거의 같은 정도의 지지를 보인 반면, '교육불평등 해소'와 '검찰 개혁'에 대해서는 일반교사보다 조합원의 지지가 훨씬 더 높게 나타났다.

# 제3장

# 교직 생활에 대한 의식

# 1. 교직생활 만족도

## 1) 임금 만족도

교사들이 교직생활에 대해 어떻게 느끼는지 알아보기 위해 임금, 직장 안정감, 사회적 지위에 대한 만족도를 조사했다. 우선 '현재 임금 수준에 만족한다'는 문항에 대하여 긍정적인 응답이 53.0%로 부정적인 응답 47.0%보다 약간 높다. '전혀 그렇지 않다는 1점으로 하고 '매우 그렇다'를 5점으로 한 5점 척도로 비교하면 일반교사(2.92점)보다 조합원(3.11점)의 임금 만족도가 다소 높게 나타났다. 연령별로는 연령이 높을수록, 학교 급별로는 중학교 교사의 임금 만족도가 상대적으로 높게 나타났다(〈표 3-1〉).

시기별 추이를 보면 5점 척도의 평균 점수가 일반교사의 경우는 2005년 2.89점, 2009년 2.75점에서 2014년에는 2.70점으로 떨어지다가 2014년에는 2.92점으로 임금 만족도가 올라갔다. 조합원의 경우는 2005년 2.85점에서 2009년에는 2.87점으로 약간 올라갔다가 2014년에는 2.70점으로 떨어졌으나 2019년에는 3.11점으로 임금 만족도가 다

〈표 3-1〉 현재의 임금수준에 대해 만족한다

| | | 평균 | 표준 편차 | 매우 그렇다 | 그런 편이다 | 그렇지 않은 편이다 | 전혀 그렇지 않다 | 전체 | 유효 사례수 |
|---|---|---|---|---|---|---|---|---|---|
| 구분** | 일반 교사 | 2.92 | 1.199 | 3.6% | 46.2% | 39.0% | 11.2% | 100.0% | 840 |
| | 조합원 | 3.11 | 1.182 | 5.2% | 51.8% | 34.7% | 8.3% | 100.0% | 672 |
| 연령** | 20대 | 2.53 | 1.139 | 1.8% | 31.4% | 51.5% | 15.4% | 100.0% | 169 |
| | 30대 | 2.84 | 1.209 | 4.2% | 41.7% | 42.2% | 11.9% | 100.0% | 379 |
| | 40대 | 3.05 | 1.179 | 4.3% | 50.6% | 36.4% | 8.7% | 100.0% | 538 |
| | 50대 이상 | 3.30 | 1.141 | 5.6% | 60.1% | 27.0% | 7.3% | 100.0% | 411 |
| 급별** | 초등 학교 | 2.87 | 1.235 | 4.2% | 44.0% | 38.0% | 13.7% | 100.0% | 568 |
| | 중학교 | 3.13 | 1.161 | 4.9% | 52.7% | 35.3% | 7.1% | 100.0% | 465 |
| | 고등 학교 | 3.04 | 1.163 | 3.7% | 50.7% | 37.6% | 8.0% | 100.0% | 460 |
| 전체 | | 3.00 | 1.195 | 4.3% | 48.7% | 37.1% | 9.9% | 100.0% | 1512 |

* '매우 잘 못한다' 1점, '매우 잘한다' 5점으로 환산한 평균값임.
** $p < 0.05$. 이하 모든 표에서 **는 95% 신뢰수준에서 통계적으로 유의함을 의미한다.

소 올라갔다(〈그림 3-1〉).* 이는 2008년의 경제위기 이후 침체 국면이 계속되면서 공무원 봉급 인상률이 낮았다가 이후 회복된 것을 반영하

* 이번 조사에서는 이전 조사와 달리 '보통이다'라는 응답을 없앴기 때문에 5점 척도에서 이전 조사의 점수와 직접 비교하는 데 약간의 무리가 있지만, 긍정과 부정을 분명하게 하는 효과는 있다고 생각된다.

〈그림 3-1〉 임금 만족도

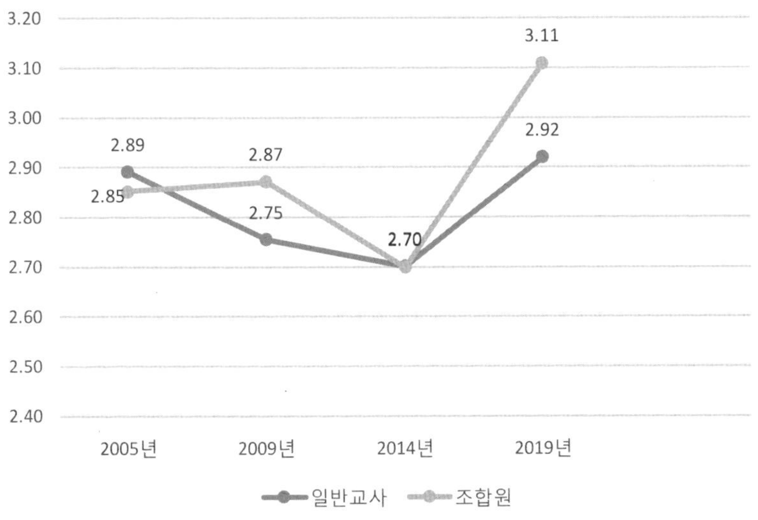


는 것으로 보인다.

### 2) 직장 안정감

'현재의 직장에서 안정감을 느낀다'는 문항에 대해서 긍정적인 응답이 78.6%로 부정적인 응답 21.4%보다 상당히 높게 나타났다. 5점 척도로 보면 일반교사의 만족도가 3.66점으로 조합원 3.68점보다 낮았다. 일반교사와 조합원, 연령별, 학교 급별, 성별로 통계적으로 유의미한 차이가 나타나지 않았다(〈표 3-2〉). 직장 안정감 만족도는 임금만족도나 사회적 지위 만족도보다 훨씬 높은데, 이는 1997년 경제위기 이후 교직이 안정적이라는 객관적인 사회적 평가가 높아진 것이 직접적으로 반영된 결과로 해석된다.

〈표 3-2〉 현재의 직장에서 안정감을 느낀다

| | | 평균 | 표준 편차 | 매우 그렇다 | 그런 편이다 | 그렇지 않은 편이다 | 전혀 그렇지 않다 | 전체 | 유효 사례수 |
|---|---|---|---|---|---|---|---|---|---|
| 구분 | 일반교사 | 3.66 | 1.020 | 12.1% | 66.5% | 17.9% | 3.6% | 100.0% | 844 |
| | 조합원 | 3.68 | 1.016 | 13.7% | 65.0% | 18.5% | 2.8% | 100.0% | 671 |
| 전체 | | 3.67 | 1.018 | 12.8% | 65.8% | 18.2% | 3.2% | 100.0% | 1515 |

〈그림 3-2〉 직장 안정감

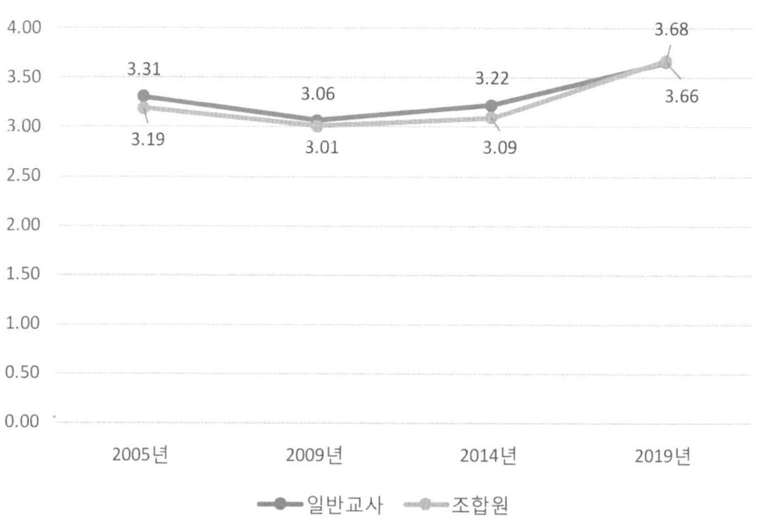


시기별로 비교해 보면 5점 척도의 평균 점수가 일반교사의 경우는 2005년 3.31점, 2009년 3.06점, 2014년에는 3.22점에서 2019년 3.66점으로, 조합원의 경우는 2005년 3.19점, 2009년 3.01점, 2014년, 3.09점에서 2019년 3.68점으로 높아졌다(〈그림 3-2〉). 이는 2009년 당시 이명

〈표 3-3〉 현재의 사회적 지위에 만족한다

| | | 평균 | 표준 편차 | 매우 그렇다 | 그런 편이다 | 그렇지 않은 편이다 | 전혀 그렇지 않다 | 전체 | 유효 사례수 |
|---|---|---|---|---|---|---|---|---|---|
| 구분 | 일반교사 | 3.42 | 1.101 | 7.8% | 61.6% | 25.5% | 5.0% | 100.0% | 842 |
| | 조합원 | 3.45 | 1.105 | 8.5% | 62.4% | 23.5% | 5.5% | 100.0% | 671 |
| 급별** | 초등학교 | 3.36 | 1.155 | 7.4% | 61.2% | 23.4% | 8.1% | 100.0% | 569 |
| | 중학교 | 3.50 | 1.047 | 8.4% | 63.9% | 24.7% | 3.0% | 100.0% | 465 |
| | 고등학교 | 3.46 | 1.081 | 8.7% | 62.0% | 25.4% | 3.9% | 100.0% | 460 |
| 전체 | | 3.43 | 1.102 | 8.1% | 62.0% | 24.7% | 5.2% | 100.0% | 1513 |

박 정부의 강화된 신자유주의 공세로 직장 안정감이 상당히 떨어졌다가 교원평가 투쟁과 성과급 반대투쟁 등으로 일정 정도 불안감이 회복되고 문재인 정부에 들어서서 신자유주의적 교육정책이 완화된 것이 주요한 요인으로 작용한 것이라고 해석할 수 있다.

### 3) 사회적 지위 만족도

'현재의 사회적 지위에 만족한다'는 문항에 대하여 긍정적인 응답이 70.1%, 부정적인 응답이 29.9%로, 직장 안정감 만족도보다는 낮지만 임금 만족도보다는 약간 높게 나타났다. 조합원보다 일반교사 사이의 만족도는 통계적으로 유의미한 차이가 없었으며, 학교 급별로는 중학교, 고등학교, 초등학교 순으로 사회적 지위 만족도가 높게 나타났다(〈표 3-3〉).

〈그림 3-3〉 사회적 지위 만족도

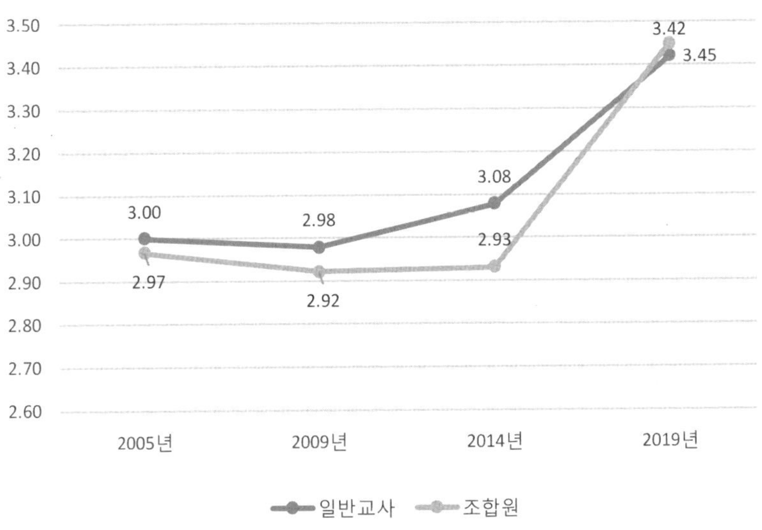


시기별로 비교해 보면 직장 안정감 만족도와 비슷한 경향을 보였다. 일반교사의 경우 5점 척도의 평균 점수가 2005년 3.00점, 2009년에는 2.98점, 2014년, 3.08점에서 2019년 3.45점으로 높아졌다. 조합원의 경우도 2005년 2.97점, 2009년 2.92점, 2014년, 2.93점에서 2019년 3.42점으로 높아졌다(〈그림 3-3〉). 이 또한 이명박 · 박근혜 정부 시기의 강화된 신자유주의 공세가 문재인 정부에 들어 완화되면서 나타난 결과로 보인다.

### 4) 학교의 민주적 운영

'학교가 민주적으로 운영되고 있다'는 문항에 대하여 긍정적인 응

〈표 3-4〉 학교가 민주적으로 운영되고 있다.

| | | 평균 | 표준 편차 | 매우 그렇다 | 그런 편이다 | 그렇지 않은 편이다 | 전혀 그렇지 않다 | 전체 | 유효 사례수 |
|---|---|---|---|---|---|---|---|---|---|
| 구분** | 일반교사 | 3.69 | 1.003 | 13.4% | 65.9% | 18.0% | 2.7% | 100.0% | 844 |
| | 조합원 | 3.54 | 1.127 | 11.8% | 62.7% | 18.6% | 6.9% | 100.0% | 671 |
| 급별** | 초등학교 | 3.69 | 1.082 | 15.8% | 63.3% | 15.5% | 5.4% | 100.0% | 569 |
| | 중학교 | 3.77 | 1.021 | 17.2% | 64.6% | 14.4% | 3.9% | 100.0% | 466 |
| | 고등학교 | 3.42 | 1.049 | 4.8% | 65.9% | 24.9% | 4.3% | 100.0% | 461 |
| 전체 | | 3.62 | 1.062 | 12.7% | 64.5% | 18.3% | 4.6% | 100.0% | 1515 |

답이 77.2%, 부정적인 응답이 22.9%로 긍정적인 응답이 상당히 높게 나타났다. 5점 척도의 평균값은 일반교사의 경우 3.69점인 데 비해 조합원은 3.54점으로 긍정적인 응답이 다소 낮게 나타났다. 학교 급별로는 중학교(3.77점), 초등학교(3.69점), 고등학교(3.42점) 순으로 긍정적인 응답 비율이 높았다(〈표 3-4〉).

시기별로 비교해 보면 일반교사의 경우는 5점 척도의 평균 점수가 2005년 2.86점, 2009년 2.82점, 2014년 3.05점에서 3.69점으로 현저히 높아졌으며, 조합원의 경우는 2005년 2.53점, 2009년에는 2.62점, 2014년 2.86점에서 2019년 3.54점으로 상당히 높아졌다(〈그림 3-4〉). 이처럼 학교의 민주적 운영에 대한 만족도가 전반적으로 높아지는 경향이 있는 것은 전교조 활동, 학교운영위원회 활동, 혁신학교 등으로 일선 학교 현장의 운영이 지속적으로 민주화되어온 데다 정권 교체로 인한 학교 현장의 분위기가 바뀐 것을 반영한다고 볼 수 있다.

〈그림 3-4〉 학교의 민주적 운영

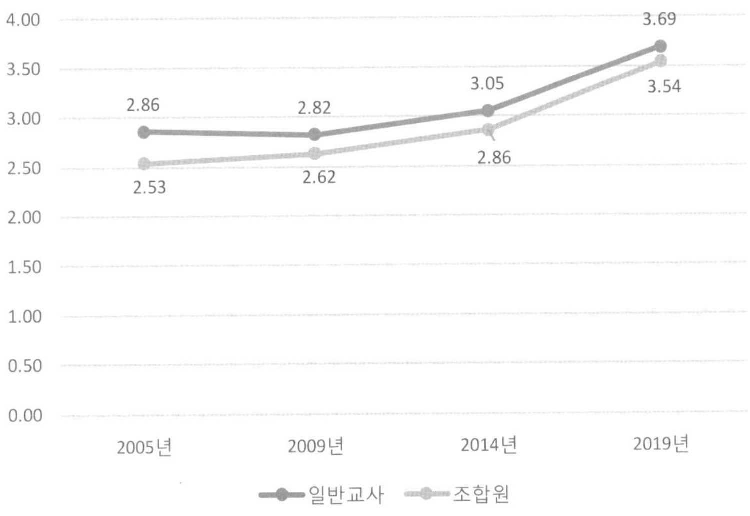


## 5) 학생 교육활동 만족도

'학교의 학생교육 활동에 만족한다'는 문항에 대해서는 긍정적인 응답이 75.2%로 부정적인 응답 24.8%로 긍정적인 응답이 상당히 높게 나타났다. 조합원과 일반교사 사이의 만족도는 통계적으로 유의미한 차이가 없었으며, 학교 급별로는 초등학교, 중학교, 고등학교 순으로 긍정적인 응답률이 높게 나타났다(〈표 3-5〉).

시기별로 비교해 보면 학교의 민주적 운영에 대한 만족도와 거의 같은 경향을 보였다. 일반교사의 경우는 5점 척도의 평균 점수가 2005년 2.92, 2009년에는 2.87점, 2014년에는 3.13점에서 2019년 3.59점으로 상당히 높아졌으며, 조합원의 경우에도 2005년 2.63, 2009년 2.76

〈표 3-5〉 학교에서의 학생교육활동에 만족한다

| | | 평균 | 표준 편차 | 매우 그렇다 | 그런 편이다 | 그렇지 않은 편이다 | 전혀 그렇지 않다 | 전체 | 유효 사례수 |
|---|---|---|---|---|---|---|---|---|---|
| 구분 | 일반교사 | 3.59 | 1.025 | 10.2% | 65.6% | 21.2% | 3.0% | 100.0% | 843 |
| | 조합원 | 3.54 | 1.029 | 8.2% | 66.2% | 22.4% | 3.3% | 100.0% | 671 |
| 급별** | 초등학교 | 3.65 | 1.037 | 12.7% | 65.1% | 18.5% | 3.7% | 100.0% | 568 |
| | 중학교 | 3.63 | 0.984 | 9.9% | 68.0% | 19.7% | 2.4% | 100.0% | 466 |
| | 고등학교 | 3.41 | 1.030 | 4.8% | 64.9% | 27.5% | 2.8% | 100.0% | 461 |
| 전체 | | 3.57 | 1.026 | 9.3% | 65.9% | 21.7% | 3.1% | 100.0% | 1514 |

〈그림 3-5〉 학생교육 활동 만족도

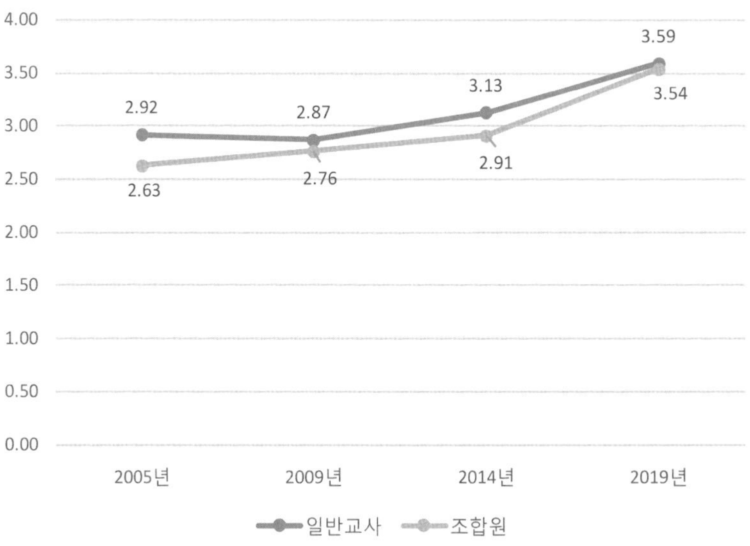

〈그림 3-6〉 교직 생활 만족도 비교

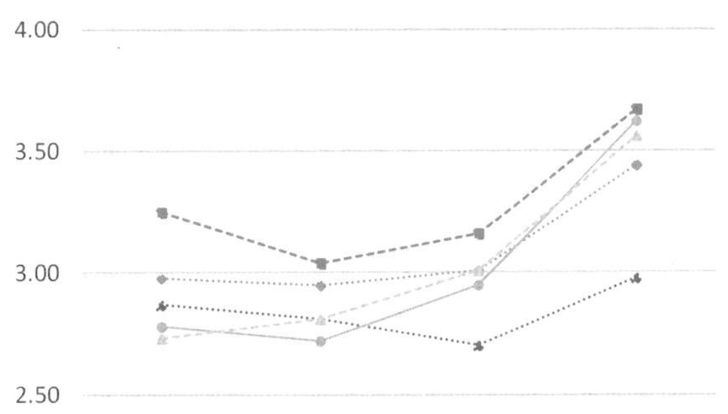


| | 2005년 | 2009년 | 2014년 | 2019년 |
|---|---|---|---|---|
| 임금만족도 | 2.87 | 2.81 | 2.70 | 2.98 |
| 직장 안정감 | 3.25 | 3.04 | 3.16 | 3.67 |
| 사회적 지위 만족도 | 2.98 | 2.95 | 3.01 | 3.44 |
| 학교운영 만족도 | 2.78 | 2.72 | 2.95 | 3.62 |
| 학생활동 만족도 | 2.73 | 2.81 | 3.01 | 3.56 |

임금만족도 직장 안정감 사회적 지위 만족도
학교운영 만족도 학생활동 만족도

점, 2014년 2.91점에서 2019년 3.54점으로 높아졌다(〈그림 3-5〉). 진보 교육감의 등장과 혁신학교 등이 학생 교육활동 만족도에 영향을 미친 것으로 보인다.

〈그림 3-6〉은 다섯 가지 교직생활 만족도의 연도별 추이를 나타낸 것이다.

## 2. 수업과 학교 생활

수업과 학교 생활에 관해 다섯 가지 문항으로 교사들의 의식을 알아보았다.

우선 '교육청과 학교는 수업 혁신을 지원한다'는 문항에 대하여 전체적으로 '매우 그렇다' 13.6%, '그런 편이다' 62.5%로 긍정적인 응답이 76.1%인 데 비해 부정적인 응답은 23.9%로 긍정적인 응답이 상당히 높게 나타났다. 5점 척도의 평균값은 일반교사 3.59점보다 조합원이 3.66점으로 다소 높지만 통계적으로 유의미한 차이는 아니다. 연령별로는 40대가, 학교 급별로는 중학교, 초등학교, 고등학교 순으로 성별로는 남성보다 여성의 긍정적인 응답 비율이 높았다(〈표 3-6〉).

'동료 교사와 함께 수업을 혁신하는 편이다'는 문항에 대하여 전체적으로 '매우 그렇다' 19.2%, '그런 편이다' 57.2%로 긍정적인 응답이 76.4%인 데 비해 부정적인 응답은 23.5%로 긍정적인 응답이 상당히 높게 나타났다. 5점 척도의 평균값은 일반교사와 조합원 모두 3.70으로 높은 점수이다. 연령별로는 40대가, 학교 급별로는 초등학교, 중학교, 고등학교 순으로, 성별로는 남성보다 여성의 긍정적인 응답 비율이 높았다(〈표 3-7〉).

'학생과의 관계에서 어려움을 느낀다'는 문항에 대하여 전체적으로 '매우 그렇다' 11.4%, '그런 편이다' 35.6%로 긍정적인 응답이 47.0%인 데 비해 부정적인 응답은 52.9%로 긍정적인 응답보다 부정적인 응답이 약간 높게 나타났다. 5점 척도의 평균값은 일반교사와 조

〈표 3-6〉 교육청과 학교는 수업 혁신을 지원한다

| | | 평균 | 표준편차 | 매우 그렇다 | 그런 편이다 | 그렇지 않은 편이다 | 전혀 그렇지 않다 | 전체 | 유효 사례수 |
|---|---|---|---|---|---|---|---|---|---|
| 구분 | 일반교사 | 3.59 | 1.079 | 12.8% | 65.1% | 19.4% | 2.7% | 100.0% | 667 |
| | 조합원 | 3.66 | 1.016 | 14.5% | 59.1% | 23.8% | 2.5% | 100.0% | 851 |
| 연령** | 20대 | 3.53 | 1.064 | 9.9% | 63.2% | 23.4% | 3.5% | 100.0% | 171 |
| | 30대 | 3.52 | 1.036 | 9.1% | 63.6% | 24.9% | 2.3% | 100.0% | 385 |
| | 40대 | 3.71 | 1.035 | 16.7% | 61.4% | 19.7% | 2.2% | 100.0% | 534 |
| | 50대 이상 | 3.68 | 1.041 | 15.0% | 62.7% | 19.4% | 2.9% | 100.0% | 413 |
| 급별** | 초등학교 | 3.74 | 0.989 | 15.5% | 65.0% | 17.4% | 2.1% | 100.0% | 568 |
| | 중학교 | 3.76 | 1.002 | 16.8% | 63.8% | 17.1% | 2.3% | 100.0% | 469 |
| | 고등학교 | 3.37 | 1.106 | 8.2% | 58.0% | 30.1% | 3.7% | 100.0% | 462 |
| 성별** | 남 | 3.50 | 1.098 | 12.2% | 58.5% | 26.3% | 3.1% | 100.0% | 426 |
| | 여 | 3.68 | 1.018 | 14.1% | 64.0% | 19.4% | 2.5% | 100.0% | 1090 |
| 전체 | | 3.63 | 1.044 | 13.6% | 62.5% | 21.3% | 2.6% | 100.0% | 1518 |

〈표 3-7〉 동료 교사와 함께 수업을 혁신하는 편이다

| | | 평균 | 표준 편차 | 매우 그렇다 | 그런 편이다 | 그렇지 않은 편이다 | 전혀 그렇지 않다 | 전체 | 유효 사례수 |
|---|---|---|---|---|---|---|---|---|---|
| 구분 | 일반 교사 | 3.70 | 1.082 | 18.2% | 58.7% | 21.4% | 1.6% | 100.0% | 668 |
| | 조합원 | 3.70 | 1.049 | 20.5% | 55.2% | 22.6% | 1.6% | 100.0% | 850 |
| 연령** | 20대 | 3.56 | 1.138 | 18.1% | 51.5% | 28.7% | 1.8% | 100.0% | 171 |
| | 30대 | 3.61 | 1.069 | 14.8% | 59.1% | 24.0% | 2.1% | 100.0% | 384 |
| | 40대 | 3.78 | 1.071 | 23.4% | 54.8% | 20.2% | 1.7% | 100.0% | 535 |
| | 50대 이상 | 3.74 | 1.014 | 17.9% | 60.8% | 20.1% | 1.2% | 100.0% | 413 |
| 급별** | 초등 학교 | 4.09 | 0.900 | 32.7% | 55.5% | 11.4% | 0.4% | 100.0% | 569 |
| | 중학교 | 3.78 | 0.964 | 16.6% | 65.0% | 16.8% | 1.5% | 100.0% | 469 |
| | 고등 학교 | 3.15 | 1.114 | 5.2% | 51.4% | 39.9% | 3.5% | 100.0% | 461 |
| 성별** | 남 | 3.43 | 1.111 | 11.0% | 56.3% | 29.8% | 2.8% | 100.0% | 426 |
| | 여 | 3.81 | 1.026 | 22.4% | 57.5% | 18.9% | 1.2% | 100.0% | 1090 |
| 전체 | | 3.7 | 1.064 | 19.2% | 57.2% | 21.9% | 1.6% | 100.0% | 1518 |

〈표 3-8〉 학생과의 관계에서 어려움을 느낀다

| | | 평균 | 표준 편차 | 매우 그렇다 | 그런 편이다 | 그렇지 않은 편이다 | 전혀 그렇지 않다 | 전체 | 유효 사례수 |
|---|---|---|---|---|---|---|---|---|---|
| 구분 | 일반 교사 | 2.95 | 1.287 | 11.5% | 35.3% | 43.2% | 10.0% | 100.0% | 664 |
| | 조합원 | 2.95 | 1.283 | 11.3% | 36.0% | 42.2% | 10.5% | 100.0% | 850 |
| 연령** | 20대 | 2.75 | 1.236 | 6.4% | 34.5% | 46.2% | 12.9% | 100.0% | 171 |
| | 30대 | 2.77 | 1.268 | 9.4% | 30.9% | 47.3% | 12.5% | 100.0% | 385 |
| | 40대 | 2.87 | 1.266 | 9.8% | 34.4% | 45.1% | 10.7% | 100.0% | 532 |
| | 50대 이상 | 3.30 | 1.275 | 17.5% | 42.1% | 34.1% | 6.3% | 100.0% | 411 |
| 급별** | 초등학교 | 2.96 | 1.304 | 12.7% | 34.1% | 42.6% | 10.6% | 100.0% | 566 |
| | 중학교 | 3.07 | 1.288 | 12.2% | 40.4% | 37.6% | 9.8% | 100.0% | 468 |
| | 고등학교 | 2.80 | 1.229 | 8.0% | 33.2% | 48.6% | 10.2% | 100.0% | 461 |
| 전체 | | 2.95 | 1.284 | 11.4% | 35.6% | 42.7% | 10.2% | 100.0% | 1514 |

합원 모두 2.95점으로 다소 부정적이다. 연령별로는 연령이 높을수록, 학교 급별로는 중학교, 초등학교, 고등학교 순으로 긍정적인 응답 비율이 높았다(〈표 3-8〉).

'학교 업무로 인해 수업과 학생상담 등 교육활동이 어렵다'는 문항에 대하여 전체적으로 '매우 그렇다' 25.3%, '그런 편이다' 45.1%로 긍

〈표 3-9〉 학교 업무로 인해 수업과 학생상담등 교육활동이 어렵다

| | | 평균 | 표준편차 | 매우 그렇다 | 그런 편이다 | 그렇지 않은 편이다 | 전혀 그렇지 않다 | 전체 | 유효 사례수 |
|---|---|---|---|---|---|---|---|---|---|
| 구분 | 일반교사 | 3.61 | 1.252 | 24.9% | 45.6% | 25.5% | 4.0% | 100.0% | 666 |
| | 조합원 | 3.62 | 1.219 | 25.8% | 44.4% | 24.3% | 5.4% | 100.0% | 851 |
| 급별** | 초등학교 | 3.26 | 1.328 | 19.0% | 38.8% | 33.6% | 8.6% | 100.0% | 569 |
| | 중학교 | 3.83 | 1.136 | 29.5% | 48.7% | 18.8% | 3.0% | 100.0% | 468 |
| | 고등학교 | 3.81 | 1.105 | 27.8% | 49.5% | 21.5% | 1.3% | 100.0% | 461 |
| 전체 | | 3.62 | 1.233 | 25.3% | 45.1% | 25.0% | 4.6% | 100.0% | 1517 |

정적인 응답이 70.4%인 데 비해 부정적인 응답은 29.6%로 긍정적인 응답이 상당히 높게 나타났다. 5점 척도의 평균값은 일반교사 3.61점보다 조합원이 3.62점으로 다소 높지만 통계적으로 유의미한 차이는 아니다. 학교 급별로 중학교, 고등학교, 초등학교 순으로 긍정적인 응답 비율이 높았다(〈표 3-9〉).

'학교 업무로 인한 학교 구성원 간의 갈등이 심해지고 있다'는 문항에 대하여 전체적으로 '매우 그렇다' 15.3%, '그런 편이다' 43.3%로 긍정적인 응답이 58.6%인 데 비해 부정적인 응답은 41.4%로 긍정적인 응답이 다소 높게 나타났다. 5점 척도의 평균값은 일반교사 3.26점, 조합원 3.25점으로 통계적으로 유의미한 차이는 없다. 연령별로는 30대

〈표 3-10〉 학교 업무로 인한 학교 구성원 간의 갈등이 심해지고 있다

| | | 평균 | 표준편차 | 매우 그렇다 | 그런 편이다 | 그렇지 않은 편이다 | 전혀 그렇지 않다 | 전체 | 유효 사례수 |
|---|---|---|---|---|---|---|---|---|---|
| 구분 | 일반교사 | 3.26 | 1.269 | 15.5% | 42.7% | 34.5% | 7.3% | 100.0% | 666 |
| | 조합원 | 3.25 | 1.275 | 15.0% | 44.1% | 33.3% | 7.5% | 100.0% | 851 |
| 연령** | 20대 | 3.27 | 1.259 | 15.2% | 43.9% | 34.5% | 6.4% | 100.0% | 171 |
| | 30대 | 3.41 | 1.251 | 19.7% | 42.9% | 33.0% | 4.4% | 100.0% | 385 |
| | 40대 | 3.21 | 1.295 | 14.4% | 43.6% | 32.4% | 9.6% | 100.0% | 534 |
| | 50대 이상 | 3.15 | 1.256 | 12.4% | 42.7% | 37.4% | 7.5% | 100.0% | 412 |
| 급별** | 초등학교 | 3.06 | 1.322 | 13.2% | 39.0% | 36.0% | 11.8% | 100.0% | 569 |
| | 중학교 | 3.15 | 1.261 | 13.1% | 41.5% | 38.1% | 7.3% | 100.0% | 467 |
| | 고등학교 | 3.56 | 1.150 | 18.6% | 51.1% | 27.9% | 2.4% | 100.0% | 462 |
| 전체 | | 3.25 | 1.272 | 15.3% | 43.3% | 34.0% | 7.4% | 100.0% | 1517 |

가, 학교 급별로는 고등학교, 중학교, 초등학교 순으로 긍정적인 응답 비율이 높았다(〈표 3-10〉).

수업과 학교생활에서는 5개 모든 항목에서 일반교사와 조합원 사이의 차이도 있었지만, 학교 급별 차이가 두드러졌다. 〈그림 3-7〉은 수업과 학교생활에 관한 여러 항목들에 대해 학교 급별로 교차분석한

〈그림 3-7〉 수업과 학교생활(학교 급별 교차분석)

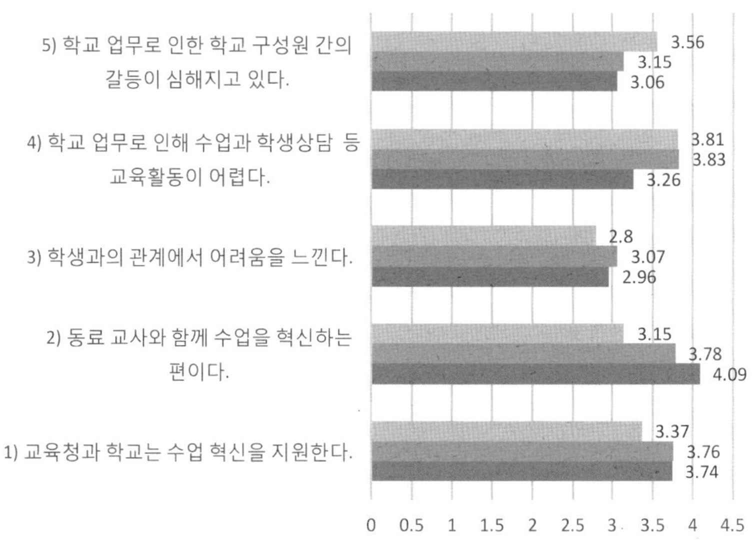


결과를 한눈에 볼 수 있도록 한 것이다.

## 3. 세월호 참사 이후

세월호 참사는 교육 현장에 엄청난 충격을 주었다. 세월호 참사 이후 교사들의 의식 변화를 알아보았다. '세월호 참사 이후 교사로서의 삶이 달라진 점이 있었나요?'라는 질문 아래 세 가지 문항에 대한 응답을 분석했다. 첫째로 '교육철학에 변화가 생겼다'는 문항에 대하여 '매우 그렇다' 14.4%, '대체로 그렇다' 51.0%로 긍정적인 응답이 65.4%인 데 비해 부정적인 응답은 34.5%로 나타났다. 5점 척도로 보

〈표 3-11〉 교육철학에 변화가 생겼다

| | | 평균 | 표준 편차 | 매우 그렇다 | 대체로 그렇다 | 별로 그렇지 않다 | 전혀 그렇지 않다 | 전체 | 유효 사례수 |
|---|---|---|---|---|---|---|---|---|---|
| 구분** | 일반 교사 | 3.32 | 1.187 | 11.8% | 51.1% | 31.9% | 5.3% | 100.0% | 834 |
| | 조합원 | 3.53 | 1.150 | 17.7% | 51.0% | 29.1% | 2.2% | 100.0% | 667 |
| 성별** | 남 | 3.22 | 1.228 | 11.5% | 47.1% | 34.4% | 6.9% | 100.0% | 418 |
| | 여 | 3.49 | 1.146 | 15.5% | 52.5% | 29.2% | 2.8% | 100.0% | 1081 |
| 전체 | | 3.41 | 1.175 | 14.4% | 51.0% | 30.6% | 3.9% | 100.0% | 1501 |

〈표 3-12〉 수학여행 등 현장체험활동에 부담감이 늘었다

| | | 평균 | 표준 편차 | 매우 그렇다 | 대체로 그렇다 | 별로 그렇지 않다 | 전혀 그렇지 않다 | 전체 | 유효 사례수 |
|---|---|---|---|---|---|---|---|---|---|
| 구분 | 일반 교사 | 4.31 | 0.943 | 51.5% | 39.0% | 7.7% | 1.8% | 100.0% | 843 |
| | 조합원 | 4.21 | 0.957 | 44.7% | 44.5% | 9.1% | 1.6% | 100.0% | 667 |
| 성별** | 남 | 4.05 | 1.037 | 36.3% | 49.8% | 10.9% | 3.1% | 100.0% | 422 |
| | 여 | 4.35 | 0.902 | 53.2% | 38.2% | 7.4% | 1.2% | 100.0% | 1086 |
| 급별** | 초등 학교 | 4.36 | 0.950 | 56.7% | 33.5% | 8.3% | 1.4% | 100.0% | 564 |
| | 중학교 | 4.16 | 1.019 | 44.1% | 43.0% | 10.7% | 2.1% | 100.0% | 467 |
| | 고등 학교 | 4.26 | 0.870 | 43.5% | 48.7% | 6.3% | 1.5% | 100.0% | 460 |
| 전체 | | 4.27 | 0.950 | 48.5% | 41.5% | 8.3% | 1.7% | 100.0% | 1510 |

〈표 3-13〉 학생들을 수동적인 사람으로 만드는 현 교육의 문제를 깨닫게 되었다

| | | 평균 | 표준 편차 | 매우 그렇다 | 대체로 그렇다 | 별로 그렇지 않다 | 전혀 그렇지 않다 | 전체 | 유효 사례수 |
|---|---|---|---|---|---|---|---|---|---|
| 구분** | 일반 교사 | 3.64 | 1.199 | 24.0% | 48.1% | 23.7% | 4.2% | 100.0% | 834 |
| | 조합원 | 4.12 | 0.920 | 35.7% | 53.0% | 10.2% | 1.1% | 100.0% | 666 |
| 연령** | 20대 | 3.68 | 1.219 | 25.3% | 48.8% | 20.0% | 5.9% | 100.0% | 170 |
| | 30대 | 3.72 | 1.191 | 28.4% | 45.0% | 23.7% | 2.9% | 100.0% | 380 |
| | 40대 | 3.97 | 1.023 | 30.9% | 52.8% | 14.6% | 1.7% | 100.0% | 528 |
| | 50대 이상 | 3.88 | 1.082 | 28.7% | 52.6% | 15.7% | 2.9% | 100.0% | 407 |
| 성별** | 남 | 3.56 | 1.172 | 18.2% | 52.9% | 24.4% | 4.5% | 100.0% | 418 |
| | 여 | 3.97 | 1.065 | 33.4% | 49.3% | 15.2% | 2.1% | 100.0% | 1080 |
| 전체 | | 3.85 | 1.110 | 29.2% | 50.3% | 17.7% | 2.8% | 100.0% | 1500 |

면 일반교사(3.32점)보다 조합원(3.53점)의 긍정적인 응답률이 높았으며, 성별로 남성보다 여성의 긍정적인 응답률이 더 높았다(〈표 3-11〉).

'수학여행 등 현장체험활동에 부담감이 늘었다'는 문항에 대하여 '매우 그렇다' 48.5%, '대체로 그렇다' 41.5%로 긍정적인 응답이 90.0%로 압도적으로 나타났다. 5점 척도로 보면 일반교사(4.31점)보다 조합원(4.21점)의 긍정적인 응답률이 다소 낮았다. 성별로는 남성보다 여성의 긍정적인 응답률이 더 높았으며, 학교 급별로는, 초등학교, 고

〈그림 3-8〉 세월호 참사 이후

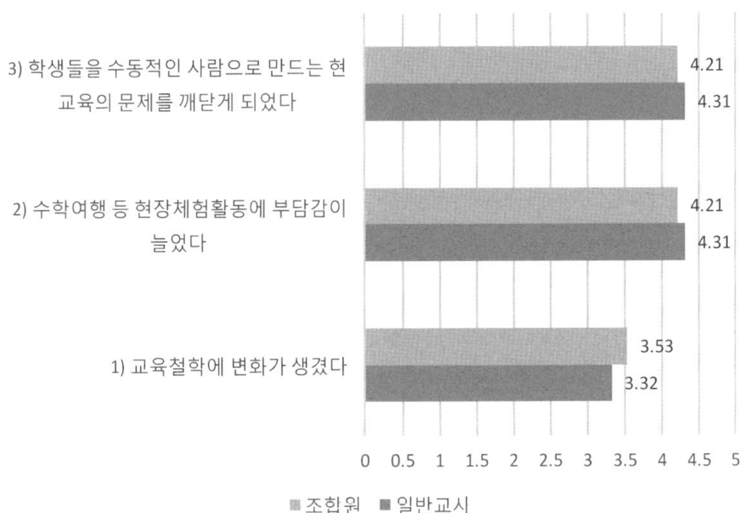


등학교, 중학교 순으로 긍정적인 응답률이 높았다(〈표 3-12〉).

'학생들을 수동적인 사람으로 만드는 현 교육의 문제를 깨닫게 되었다'는 문항에 대하여 '매우 그렇다' 29.2%, '대체로 그렇다' 50.3%로 긍정적인 응답이 79.5%로 부정적인 응답 20.5%보다 상당히 높았다. 5점 척도로 보면 일반교사(3.64점)보다 조합원(4.12점)의 긍정적인 응답률이 더 높았다. 연령별로는 40대가, 성별로는 남성보다 여성의 긍정적인 응답률이 더 높게 나타났다(〈표 3-13〉).

〈그림 3-8〉은 세월호 참사 이후 교사들의 견해를 한눈에 볼 수 있도록 한 것이다.

## 4. 소결

교사들은 교직생활에 대해 임금을 제외하면 직장 안정감, 사회적 지위, 학교의 민주적 운영, 학생 교육활동 등에서 대체로 만족하고 있는 것으로 나타났다. 〈그림 3-6〉은 교직생활에 대한 만족도를 한눈에 비교할 수 있게 나타낸 것이다. 모든 항목에서 일반교사보다 전교조 조합원의 만족도가 상대적으로 낮은 것은 교직생활에 대한 기대치의 차이를 반영하고 있는 것으로 보인다. 조합원이 일반교사보다 교직생활에 대한 헌신과 기대가 더 크기 때문에 그러한 기대에 미치지 못하는 학교 현실에 대해 상대적으로 만족도가 떨어지는 것이다. 그럼에도 불구하고 전체적으로 보면 조합원들도 교직생활에 대체로 만족하고 있는 것을 확인할 수 있다.

지난 10년간 교직생활에 대한 만족도 변화 추이를 보면 임금만족도를 제외하면 모든 항목에서 비슷한 경향성을 발견할 수 있다(〈그림 3-6〉). 직장 안정감과 사회적 지위 만족도는 조합원과 일반교사를 막론하고 2005년에는 상당히 높던 것이 2009년에는 떨어졌다가 2014년에는 약간 회복되었으며 2019년에는 현저히 높아진 경향을 관찰할 수 있다. 이러한 경향은 이명박 정부의 전면적인 신자유주의 공세에 위축되었던 교사들이 성과급 투쟁이나 박근혜 정부의 전면적 탄압에 대한 최근 전교조의 대응 투쟁을 통해 어느 정도 자신감을 회복하던 중, 대통령 탄핵 국면을 거쳐 문재인 정부가 들어서면서 학교 환경이 개선된 결과로 해석할 수 있다.

그리고 학교의 민주적 운영과 학생 교육활동 만족도는 일반교사의 경우에는 2005년에는 만족도가 높았으나 2009년에는 떨어졌다가 2014년에는 다시 회복되고 2019년에 상당히 높아졌으며, 조합원의 경우에는 갈수록 2005년 조사 이후 만족도가 지속적으로 높아지다가 2019년에 큰 폭으로 높아진 경향을 관찰할 수 있다. 이러한 경향은 약 15년간의 교육 정세의 변화를 반영하는 것이기도 하지만 다른 한편 전교조 조합원이 일반교사보다 학교 현장에 더 밀착되어 있음을 시사하는 것이기도 하다.

수업과 학교생활에 관한 다섯 가지 문항들에 대한 조사로 교사들이 겪고 있는 고충을 짐작할 수 있었다. '교육청과 학교는 수업 혁신을 지원한다'는 문항과 '동료 교사와 함께 수업을 혁신하는 편이다'는 문항에 대해서는 긍정적인 응답률이 높아 일단 수업 자체에 대해서는 큰 문제를 느끼지는 않은 것으로 보인다. 하지만 '학교 업무로 인해 수업과 학생상담 등 교육활동이 어렵다'는 문항과 '학교 업무로 인한 학교 구성원 간의 갈등이 심해지고 있다'는 문항에 대해서도 긍정적인 응답이 높아 수업 외적인 요인으로 정상적인 교육활동에 지장을 받고 있는 것으로 보인다. '학생과의 관계에서 어려움을 느낀다'는 문항에 대해서는 부정적인 응답이 다소 높아 예상한 것보다는 큰 문제로 느끼지 않는 것 같다.

교육 현장에 엄청난 충격을 준 세월호 참사 이후 교사들은 커다란 의식 변화를 겪은 것으로 나타났다. '교육철학에 변화가 생겼다'는 데 대해 긍정적인 응답이 상당히 높게 나타났으며, '학생들을 수동적인 사람으로 만드는 현 교육의 문제를 깨닫게 되었다'는 문항에 대해서는 긍정적인 응답이 매우 높았다. 한편, '수학여행 등 현장체험활동에 부담감이 늘었다'는 문항에 대해서도 긍정적인 응답이 압도적으로 높게 나타났다. '교육철학에 변화가 생겼다'는 데 대해서는 일반교사보다 조합원의 긍정적인 응답이 상대적으로 더 높았으며, '수학여행 등 현장체험활동에 부담감이 늘었다'는 문항에 대해서는 조합원보다 일반교사의 긍정적인 응답이 더 높게 나타났다.

# 제4장

# 전교조에 대한 의식

## 1. 교원 노동조합의 필요성

‘교사도 노동자로서 당연히 노동조합이 필요하다’는 문항에 대한 찬성 응답이 전체적으로 77.1%, 일반교사도 63.7%가 노동조합 형태의 교사 대중조직의 필요성을 인식하고 있다(〈표 4-1〉). 연령별로는 연령이 높을수록 전교조 필요성에 더 긍정적이다. 연령별의 이러한 차이는 정치사회의식에서의 차이와 비슷한 경향을 띠고 있다. 성별, 학교급별로는 통계적으로 유의미한 차이가 나타나지 않았다.

2005년 이후 시기별 긍정적 응답률의 변화를 보면 조합원의 경우 2005년 78.6%, 2009년 77.7%, 2014년 92.1%에서 2019년에는 93.4%로 높아졌으며, 일반교사의 경우에도 2005년 52.2%, 2009년 50.8%, 2014년에 62.4%에서 2019년에는 63.7%로 지속적으로 높아졌다(〈그림 4-1〉). 전교조에 가입한 교사들은 말할 것도 없고 전교조에 가입하지 않은 교사들도 전교조가 교육의 정상화와 교권의 확보에 일정한 기여를 하고 있다고 생각하고 있기 때문일 것이다.

교사 노동조합의 필요성 문제는 1980년대 창립 논의가 있었던 초기에는 교사들 사이에서 가장 중요한 쟁점이었다. 상당한 기간의 내

〈표 4-1〉 교원노동조합의 필요성에 대해서 어떻게 생각하십니까?

| | | 교사도 노동자로서 당연히 노동조합이 필요하다 | 교사는 전문직이므로 전문직 단체로 활동해야 한다 | 잘 모르겠다 | 전체 |
|---|---|---|---|---|---|
| 구분** | 일반교사 | 63.7% | 19.9% | 16.4% | 100.0% |
| | 조합원 | 93.4% | 4.3% | 2.2% | 100.0% |
| 연령** | 20대 | 63.9% | 14.8% | 21.3% | 100.0% |
| | 30대 | 72.6% | 15.0% | 12.4% | 100.0% |
| | 40대 | 80.0% | 12.6% | 7.4% | 100.0% |
| | 50대 이상 | 82.8% | 10.8% | 6.5% | 100.0% |
| 전체 | | 77.1% | 12.9% | 10.0% | 100.0% |

** $p < 0.05$. 이하 모든 표에서 **는 95% 신뢰수준에서 통계적으로 유의함을 의미한다.

〈그림 4-1〉 교원노동조합의 필요성

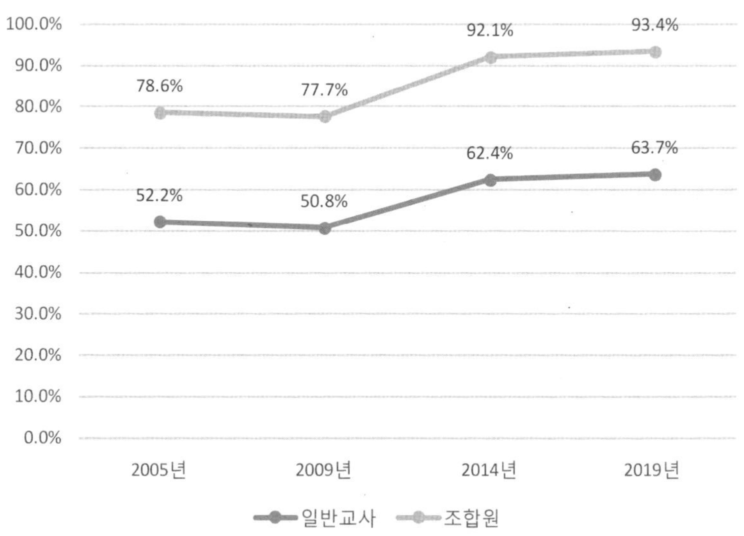

부 논쟁을 거쳐 1989년 법외 노조로 출범한 전교조는 처음부터 대량 해고라는 강력한 탄압을 받았으며, 약 10년간의 합법화투쟁과 복직투쟁을 거쳐 1999년 합법화되었다. 합법화 이후 조합원 수가 비약적으로 증가하여 약 10만 명에 달하는 조합원을 가진 대중조직이 되었다. 2003년을 고비로 조합원 수가 감소하기 시작하여 조직이 위축되어 왔음에도 불구하고 전교조가 필요하다는 인식이 오히려 커진 것은 전교조가 하나의 제도로서는 확고한 위상을 가지게 되었다는 사실을 말해준다. 특히 박근혜 정부의 법외노조화와 극심한 탄압에도 불구하고 교원노동조합의 필요성에 대한 인식이 증가하여 계속 높아진 것으로 보아 이제 전교조는 최소한 교사들 사이에서는 거의 완전한 시민권을 획득한 것으로 평가해도 좋을 것 같다.

교사들 다수가 전교조의 필요성을 인식하고 있음에도 불구하고 아직 전교조에 가입하지 않고 있는 교사들이 다수 있다. 이들이 전교조에 가입하지 않는 구체적인 이유를 알아보았다. '대표적 교원노조인 전교조에 가입하지 않는 이유는 무엇인가요?'라는 문항에 대하여 '전교조에 대해서 잘 모르기 때문'이라는 응답이 46.6%로 가장 많았고, '전교조 활동에 동의하지 않기 때문'이라는 응답이 37.6%로 나타났다. 그밖에 '전교조에 우호적이지 않은 관리자의 태도나 탄압 때문'이라는 응답이 9.5%, '전교조의 적극적인 가입 권유가 없기 때문'이라는 응답은 6.2%로 나타났다(〈표 4-2〉). 연령별로 20대에서 '전교조에 대해서 잘 모르기 때문'이라는 응답이 67.4%로 상당히 높게 나타났다. 전교조에 가입하지 않은 일반 교사들 가운데 절반에 가까운 교사들이 전교조에 대해서 잘 모르고 있는 만큼 효과적인 홍보가 중요하다고 생각된다.

〈표 4-2〉 대표적 교원노조인 전교조에 가입하지 않은 이유는 무엇인가요?

| | | 전교조에 대해서 잘 모르기 때문 | 전교조의 적극적인 가입 권유가 없기 때문 | 전교조 활동에 동의하지 않기 때문 | 전교조에 우호적이지 않은 관리자의 태도나 탄압 때문 | 전체 |
|---|---|---|---|---|---|---|
| 구분** | 일반교사 | 46.3% | 6.5% | 40.0% | 7.3% | 100.0% |
| | 조합원 | 48.8% | 4.7% | 23.3% | 23.3% | 100.0% |
| 연령** | 20대 | 67.4% | 2.2% | 25.0% | 5.4% | 100.0% |
| | 30대 | 50.5% | 6.0% | 34.8% | 8.7% | 100.0% |
| | 40대 | 36.1% | 8.2% | 44.3% | 11.3% | 100.0% |
| | 50대 이상 | 42.4% | 6.1% | 40.9% | 10.6% | 100.0% |
| 전체 | | 46.6% | 6.2% | 37.6% | 9.5% | 100.0% |

## 2. 전교조 활동 전반에 대한 평가

전교조의 노동조합 활동 전반에 대한 교사들의 평가는 대체로 긍정적으로 나타났다. 잘 못한다는 응답 12.5%보다 잘한다는 응답이 30.9%로 더 높다. 56.6%는 '보통이다'라고 응답했다. 5점 척도로 보면 일반교사 3.12점보다 조합원이 3.27점으로 약간 더 긍정적인 평가를 하고 있다. 연령별로는 40대 이상이, 학교 급별로는 중학교, 초등학교, 고등학교 순으로, 성별로는 남성보다 여성이 더 긍정적인 평가를 하고 있다(〈표 4-3〉).

시기별로 보면 일반교사의 경우 2005년 3.25점에서 2009년에는 2.89점으로 부정적인 평가가 커졌으나 2014년에는 3.17점으로 다시

〈표 4-3〉 현재 전교조의 활동에 대해서 어떻게 생각하십니까?

| | | 평균 | 표준 편차 | 매우 못하고 있다 | 못하고 있다 | 보통 이다 | 잘하고 있다 | 매우 잘하고 있다 | 전체 | 유효 사례 수 |
|---|---|---|---|---|---|---|---|---|---|---|
| 구분** | 일반 교사 | 3.12 | 0.691 | 2.1% | 10.8% | 61.5% | 24.1% | 1.4% | 100.0% | 759 |
| | 조합원 | 3.27 | 0.775 | 2.2% | 9.7% | 50.6% | 33.7% | 3.7% | 100.0% | 626 |
| 연령** | 20대 | 3.18 | 0.592 | 0.7% | 7.2% | 65.8% | 25.7% | 0.7% | 100.0% | 152 |
| | 30대 | 3.09 | 0.753 | 4.0% | 10.5% | 59.6% | 24.3% | 1.7% | 100.0% | 354 |
| | 40대 | 3.22 | 0.713 | 1.4% | 9.2% | 58.2% | 27.9% | 3.3% | 100.0% | 491 |
| | 50대 이상 | 3.24 | 0.784 | 2.1% | 12.6% | 47.6% | 35.0% | 2.7% | 100.0% | 374 |
| 급별** | 초등 학교 | 3.18 | 0.754 | 2.3% | 11.6% | 53.8% | 30.1% | 2.3% | 100.0% | 519 |
| | 중학교 | 3.26 | 0.762 | 1.6% | 10.1% | 53.9% | 30.0% | 4.4% | 100.0% | 427 |
| | 고등 학교 | 3.13 | 0.670 | 2.6% | 8.1% | 63.4% | 25.2% | 0.7% | 100.0% | 421 |
| 성별** | 남 | 3.13 | 0.788 | 4.2% | 10.1% | 56.1% | 27.2% | 2.4% | 100.0% | 378 |
| | 여 | 3.21 | 0.711 | 1.4% | 10.3% | 56.8% | 29.0% | 2.5% | 100.0% | 1005 |
| 전체 | | 3.19 | 0.733 | 2.2% | 10.3% | 56.6% | 28.4% | 2.5% | 100.0% | 1385 |

* '매우 잘 못한다' 1점, '매우 잘한다' 5점으로 환산한 평균값임.

긍정적인 평가로 회복되고 2019년에는 3.12점으로 긍정적인 평가가 약간 낮아졌다. 조합원의 경우에도 2005년에는 3.26점에서 2009년에는 2.93점으로 부정적인 평가가 커졌다가 2014년에는 3.35점으로 긍

〈그림 4-2〉 전교조 활동 평가

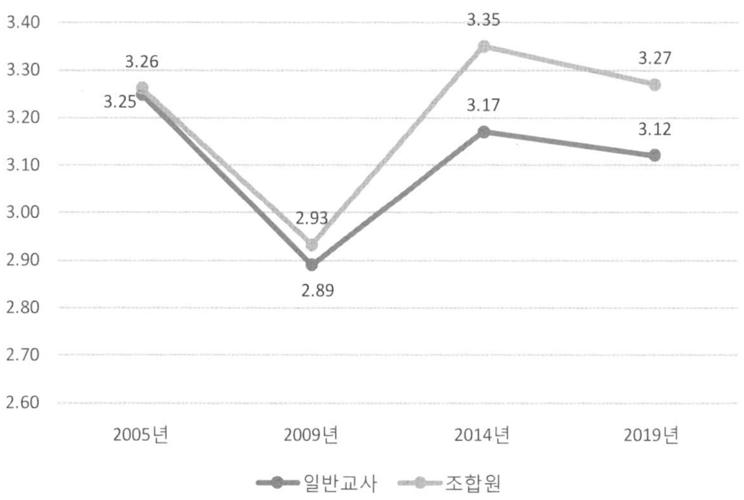


정적인 평가가 회복되고 2019년에는 3.27점으로 약간 낮아졌다(〈그림 4-2〉).

이러한 변화는 지난 15년간의 전교조 활동의 외부적 환경과 내부적 투쟁을 반영한 것으로 해석할 수 있다. 2005년은 노무현 정부라는 유리한 외적 환경 속에서 합법화 이후 전교조 조직 확대가 정점에 달한 시점이었다면 2009년경은 이명박 정부의 각종 신자유주의 교육정책의 공격을 받은 데다가 조합원 감소로 전교조 활동이 위축되는 시기였기 때문에 부정적인 평가가 증가한 것으로 보인다. 박근혜 정부 시기에는 조합원 감소 추세가 주춤해진 데다가 법외노조화 등 박근혜 정부의 전교조에 대한 전면적 탄압에 대한 반작용으로 투쟁력이 회복되어 다시 긍정적인 평가로 전환된 것을 반영하는 것으로 보인다. 문재인 정부에 들어서서 박근혜 정부 때보다 긍정적인 평가가 다소 하락한 것은 전교조 활동의 환경이 좋아지고 활동력에 대한 기대감이 높아졌으나 법외노조 취소 투쟁이 큰 성과를 거두지 못하고 있어 조합원들의 실망감이 다소 반영된 것으로 생각된다.

## 3. 전교조의 사회적 위상

교사들은 전교조의 사회적 위상이 그다지 높지 않은 것으로 보고 있다. 전교조의 위상이 높다고 응답한 비율은 12.6%인데 비해, 위상이 낮다고 응답한 비율이 37.5%이고 보통이라고 응답한 비율이 49.9%로 나타났다. 5점 척도로 비교하면 조합원의 경우 2.77점으로 일반교사 2.61점보다 약간 높지만 모두 3점을 넘지 못하여 다소 부정적이다. 연령별로는 20대와 50대 이상이 상대적으로 긍정적인 평가를 하고 있으며, 학교 급별로는 중학교 교사들의 평가가 상대적으로 긍정적이다(〈표 4-4〉). 일반교사들은 물론이고 전교조 조합원들도 다수가 전교조의 사회적 위상에 대해 낮다고 생각하는 것은 교사 대중조직으로서 마땅히 사회적으로 평가되어야 위상과 실제와의 차이를 반영하는 것이다.

시기별로 보면 일반교사와 조합원의 인식이 큰 차이는 아니지만 다소 엇갈리고 있는 점이 돋보인다. 일반교사의 경우는 2005년 2.95점, 2009년 2.68점에서 2014년 2.60점, 2.61점으로 부정적인 견해가 지속적으로 높아진 반면, 조합원의 경우는 2005년 2.90점에서 2009년에

〈표 4-4〉 전교조의 사회적 위상이 어떻다고 생각하십니까?

| | | 평균 | 표준편차 | 대단히 낮다 | 낮다 | 보통이다 | 높다 | 대단히 높다 | 전체 | 유효 사례 수 |
|---|---|---|---|---|---|---|---|---|---|---|
| 구분** | 일반교사 | 2.77 | 0.717 | 4.2% | 26.9% | 57.3% | 11.2% | 0.5% | 100.0% | 819 |
| | 조합원 | 2.61 | 0.864 | 8.7% | 36.8% | 40.8% | 12.2% | 1.5% | 100.0% | 657 |
| 연령** | 20대 | 2.75 | 0.690 | 4.1% | 27.2% | 58.6% | 10.1% | | 100.0% | 169 |
| | 30대 | 2.67 | 0.794 | 6.3% | 33.9% | 46.8% | 12.4% | 0.5% | 100.0% | 378 |
| | 40대 | 2.62 | 0.771 | 6.8% | 34.6% | 49.5% | 8.2% | 1.0% | 100.0% | 515 |
| | 50대 이상 | 2.81 | 0.839 | 6.3% | 26.3% | 49.4% | 16.5% | 1.5% | 100.0% | 399 |
| 급별** | 초등학교 | 2.67 | 0.794 | 6.2% | 33.9% | 47.5% | 11.6% | 0.9% | 100.0% | 552 |
| | 중학교 | 2.81 | 0.770 | 4.6% | 25.5% | 55.2% | 13.4% | 1.3% | 100.0% | 455 |
| | 고등학교 | 2.61 | 0.791 | 7.8% | 34.6% | 47.5% | 9.5% | 0.7% | 100.0% | 451 |
| 전체 | | 2.70 | 0.790 | 6.2% | 31.3% | 49.9% | 11.7% | 0.9% | 100.0% | 1476 |

는 2.44점으로 상당히 부정적으로 되었다가 2014년에는 2.75점, 2019년에는 2.77점으로 어느 정도 만회하고 있다(〈그림 4-3〉). 이는 이명박, 박근혜 정부를 거치면서 조합원 수가 급감한데다가 전교조에 대한 탄압과 무시 등의 사회적 분위기가 반영되었고 문재인 정부에 들어서서도 법외노조 문제가 해결되지 않아 일반교사들 사이에서는 전교조의 사회적 위상에 대한 평가가 계속 하락한 반면에, 조합원들 사이에서는

〈그림 4-3〉 전교조의 사회적 위상

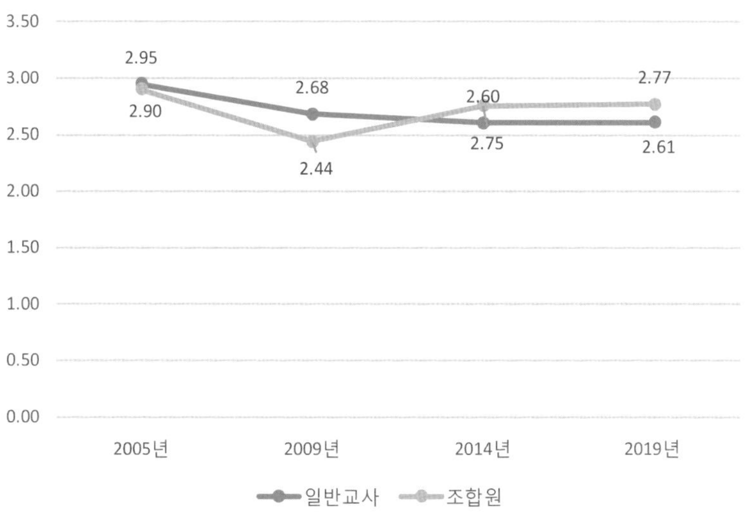


이명박 정부 때 하락하다가 박근혜 정부 시기 극심한 탄압에도 불구하고 투쟁력이 회복되고 문재인 정부에 들어서서 전교조 활동에 대한 기대가 반영된 결과로 보인다. 조합원들의 경우 문재인 정부 시기 평가 점수가 약간 높아졌음에도 불구하고 여전히 부정적인 평가가 우세한 것은 법외노조 문제가 해결되지 않은 것이 주요한 요인으로 작용한 것으로 보인다.

# 4. 전교조 교사에 대한 평가

전교조 조합원 교사에 대한 평판은 일반교사와 조합원 모두 모든 항목에서 대단히 긍정적이다. '사회개혁과 교육개혁에 대한 열망이 높다'는 항목에는 '매우 그렇다' 32.4%, '대체로 그렇다' 60.0%로 이를 합치면 92.4%가 긍정적인 응답률을 보였으며(〈표 4-5〉), '동료교사

〈표 4-5〉 사회개혁과 교육개혁에 대한 열망이 높다

| | | 평균 | 표준편차 | 매우 그렇다 | 대체로 그렇다 | 별로 그렇지 않다 | 전혀 그렇지 않다 | 전체 | 유효 사례수 |
|---|---|---|---|---|---|---|---|---|---|
| 구분** | 일반교사 | 4.06 | 0.900 | 29.1% | 60.1% | 8.9% | 1.8% | 100.0% | 820 |
| | 조합원 | 4.29 | 0.659 | 36.4% | 59.8% | 3.8% | 0.00% | 100.0% | 656 |
| 급별** | 초등학교 | 4.27 | 0.765 | 38.7% | 55.7% | 4.7% | 0.9% | 100.0% | 555 |
| | 중학교 | 4.12 | 0.877 | 32.5% | 58.1% | 7.9% | 1.5% | 100.0% | 453 |
| | 고등학교 | 4.07 | 0.785 | 24.7% | 66.8% | 7.8% | 0.7% | 100.0% | 449 |
| 전체 | | 4.16 | 0.810 | 32.4% | 60.0% | 6.6% | 1.0% | 100.0% | 1476 |

〈표 4-6〉 동료교사와 협력과 소통을 잘한다

| | | 평균 | 표준편차 | 매우 그렇다 | 대체로 그렇다 | 별로 그렇지 않다 | 전혀 그렇지 않다 | 전체 | 유효 사례수 |
|---|---|---|---|---|---|---|---|---|---|
| 구분** | 일반교사 | 3.73 | 1.053 | 18.5% | 60.0% | 18.8% | 2.7% | 100.0% | 817 |
| | 조합원 | 4.10 | 0.765 | 25.7% | 66.7% | 7.0% | 0.6% | 100.0% | 654 |
| 전체 | | 3.89 | 0.953 | 21.7% | 63.0% | 13.6% | 1.8% | 100.0% | 1471 |

와 협력과 소통을 잘한다'는 항목에는 84.7%(〈표 4-6〉), '학생들에 대한 애정이 깊고 생활교육을 잘한다'는 항목에는 90.5%(〈표 4-7〉), '수

〈표 4-7〉 학생들에 대한 애정이 깊고 생활교육을 잘한다

| | | 평균 | 표준 편차 | 매우 그렇다 | 대체로 그렇다 | 별로 그렇지 않다 | 전혀 그렇지 않다 | 전체 | 유효 사례수 |
|---|---|---|---|---|---|---|---|---|---|
| 구분** | 일반 교사 | 3.91 | 0.909 | 20.4% | 65.5% | 12.7% | 1.3% | 100.0% | 818 |
| | 조합원 | 4.29 | 0.668 | 37.1% | 59.2% | 3.4% | 0.3% | 100.0% | 655 |
| 급별** | 초등 학교 | 4.19 | 0.788 | 33.8% | 59.1% | 6.3% | 0.7% | 100.0% | 553 |
| | 중학교 | 4.07 | 0.860 | 27.8% | 62.3% | 8.6% | 1.3% | 100.0% | 453 |
| | 고등 학교 | 3.97 | 0.838 | 20.5% | 67.9% | 10.9% | 0.7% | 100.0% | 449 |
| 전체 | | 4.08 | 0.833 | 27.8% | 62.7% | 8.6% | 0.9% | 100.0% | 1473 |

〈표 4-8〉 수업전문성이 있다

| | | 평균 | 표준 편차 | 매우 그렇다 | 대체로 그렇다 | 별로 그렇지 않다 | 전혀 그렇지 않다 | 전체 | 유효 사례수 |
|---|---|---|---|---|---|---|---|---|---|
| 구분** | 일반 교사 | 3.79 | 0.959 | 17.0% | 64.7% | 17.0% | 1.2% | 100.0% | 816 |
| | 조합원 | 4.11 | 0.756 | 26.9% | 65.4% | 7.5% | 0.2% | 100.0% | 651 |
| 급별** | 초등 학교 | 4.03 | 0.851 | 25.4% | 63.6% | 10.5% | 0.5% | 100.0% | 552 |
| | 중학교 | 3.94 | 0.896 | 21.3% | 65.9% | 11.3% | 1.6% | 100.0% | 451 |
| | 고등 학교 | 3.81 | 0.919 | 16.6% | 65.9% | 17.3% | 0.2% | 100.0% | 446 |
| 전체 | | 3.94 | 0.889 | 21.4% | 65.0% | 12.8% | 0.7% | 100.0% | 1467 |

〈그림 4-4〉 전교조 조합원에 대한 평가

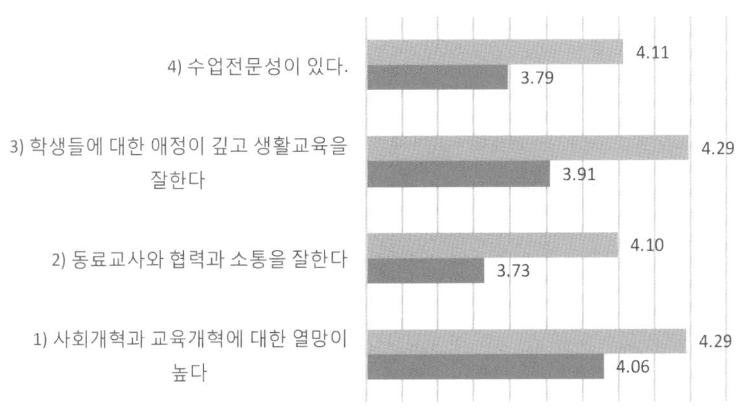


업전문성이 있다'는 항목에는 86.4%가 긍정적인 응답률을 보였다(〈표 4-8〉). 모든 항목에서 일반교사보다 조합원의 평가가 더 긍정적이었다. 긍정적 응답비율이 압도적이어서 연령별, 성별 교차분석에서는 모든 문항에서 통계적으로 유의미한 차이가 없었으며, 다만 학교 급별로는 모든 문항에서 초등학교 교사들의 긍정적인 평가가 눈에 띈다.

이러한 조사 결과는 전교조와 조합원 교사들이 교직 사회에서 누리는 위상이 대단히 높다는 것을 보여주는 것이다. 그리고 일반교사보다 조합원 스스로의 평가가 더 긍정적인 것은 전교조 조합원들이 조합원 정체성에 대한 자부감을 강하게 가지고 있다는 점을 드러내는 것이라고 볼 수 있다.

〈그림 4-4〉는 항목별로 5점 척도로 비교하여 나타낸 것이다. 시기별로 2014년 조사와 비교하면 이번 2019년 조사에서도 거의 비슷한

결과를 보이고 있다.

## 5. 전교조 활동에 관한 정보 획득 통로

전교조 활동에 관한 정보를 얻는 통로에 관한 문항에 대해서는 조합원 동료교사들로부터 정보를 얻는다는 응답률이 가장 높았다. '조합원 동료교사로부터 정보를 얻는다'는 항목에 '매우 그렇다' 18.8%, '대체로 그렇다' 50.3%로 69.1%가 긍정적인 응답을 했으며(〈표 4-9〉), '전교조 신문 〈교육희망〉을 본다'는 항목에는 '매우 그렇다' 10.7%, '대체로 그렇다' 25.1%로 35.8%가 긍정적인 응답을 했으며(〈표 4-10〉), '대중매체(TV, 신문, 라디오)를 통해 접한다'는 항목에는 '매우 그렇다'

〈표 4-9〉 주변의 전교조 조합원을 통해 듣는다

| | | 평균 | 표준 편차 | 매우 그렇다 | 대체로 그렇다 | 별로 그렇지 않다 | 전혀 그렇지 않다 | 전체 | 유효 사례수 |
|---|---|---|---|---|---|---|---|---|---|
| 구분** | 일반 교사 | 3.16 | 1.299 | 11.3% | 47.0% | 29.3% | 12.3% | 100.0% | 812 |
| | 조합원 | 3.92 | 1.046 | 28.5% | 54.5% | 14.3% | 2.7% | 100.0% | 631 |
| 연령** | 20대 | 3.21 | 1.333 | 11.8% | 50.6% | 22.4% | 15.3% | 100.0% | 170 |
| | 30대 | 3.35 | 1.302 | 17.0% | 47.1% | 25.8% | 10.1% | 100.0% | 376 |
| | 40대 | 3.61 | 1.193 | 20.2% | 53.3% | 20.4% | 6.2% | 100.0% | 501 |
| | 50대 이상 | 3.60 | 1.211 | 22.0% | 49.9% | 22.6% | 5.5% | 100.0% | 381 |
| 전체 | | 3.49 | 1.253 | 18.8% | 50.3% | 22.7% | 8.1% | 100.0% | 1443 |

### 〈표 4-10〉 전교조 신문 〈교육희망〉을 본다

| | | 평균 | 표준편차 | 매우 그렇다 | 대체로 그렇다 | 별로 그렇지 않다 | 전혀 그렇지 않다 | 전체 | 유효 사례수 |
|---|---|---|---|---|---|---|---|---|---|
| 구분** | 일반 교사 | 1.60 | 0.926 | 1.5% | 7.3% | 31.8% | 59.4% | 100.0% | 799 |
| | 조합원 | 3.56 | 1.245 | 22.3% | 47.6% | 23.7% | 6.3% | 100.0% | 632 |
| 연령** | 20대 | 1.72 | 1.130 | 4.1% | 9.5% | 26.6% | 59.8% | 100.0% | 169 |
| | 30대 | 1.98 | 1.258 | 5.1% | 15.8% | 30.2% | 48.9% | 100.0% | 374 |
| | 40대 | 2.70 | 1.466 | 12.5% | 30.8% | 28.2% | 28.6% | 100.0% | 497 |
| | 50대 이상 | 2.95 | 1.475 | 16.8% | 33.5% | 27.4% | 22.3% | 100.0% | 376 |
| 전체 | | 2.46 | 1.454 | 10.7% | 25.1% | 28.2% | 36.0% | 100.0% | 1431 |

### 〈표 4-11〉 대중매체(TV, 신문, 라디오)를 통해 접한다

| | | 평균 | 표준편차 | 매우 그렇다 | 대체로 그렇다 | 별로 그렇지 않다 | 전혀 그렇지 않다 | 전체 | 유효 사례수 |
|---|---|---|---|---|---|---|---|---|---|
| 구분** | 일반 교사 | 2.90 | 1.301 | 4.3% | 47.8% | 28.7% | 19.1% | 100.0% | 807 |
| | 조합원 | 2.99 | 1.237 | 9.0% | 40.2% | 42.3% | 8.5% | 100.0% | 620 |
| 연령** | 20대 | 2.63 | 1.348 | 3.6% | 40.2% | 28.4% | 27.8% | 100.0% | 169 |
| | 30대 | 2.89 | 1.298 | 5.1% | 45.8% | 31.1% | 18.0% | 100.0% | 373 |
| | 40대 | 3.05 | 1.237 | 6.6% | 48.3% | 34.0% | 11.1% | 100.0% | 497 |
| | 50대 이상 | 2.97 | 1.251 | 8.8% | 39.9% | 41.3% | 9.9% | 100.0% | 373 |
| 전체 | | 2.94 | 1.274 | 6.4% | 44.5% | 34.6% | 14.5% | 100.0% | 1427 |

〈표 4-12〉 SNS를 통해 접한다

| | | 평균 | 표준편차 | 매우 그렇다 | 대체로 그렇다 | 별로 그렇지 않다 | 전혀 그렇지 않다 | 전체 | 유효 사례수 |
|---|---|---|---|---|---|---|---|---|---|
| 구분** | 일반 교사 | 1.92 | 1.096 | 1.5% | 15.8% | 38.6% | 44.1% | 100.0% | 800 |
| | 조합원 | 3.03 | 1.393 | 17.1% | 33.2% | 35.6% | 14.2% | 100.0% | 621 |
| 연령** | 20대 | 2.10 | 1.223 | 1.8% | 23.1% | 33.7% | 41.4% | 100.0% | 169 |
| | 30대 | 2.15 | 1.243 | 4.0% | 20.6% | 37.4% | 38.0% | 100.0% | 374 |
| | 40대 | 2.54 | 1.399 | 11.7% | 23.2% | 38.1% | 27.0% | 100.0% | 496 |
| | 50대 이상 | 2.62 | 1.393 | 11.4% | 26.2% | 37.9% | 24.5% | 100.0% | 367 |
| 급별** | 초등 학교 | 2.51 | 1.422 | 10.1% | 26.4% | 31.8% | 31.6% | 100.0% | 534 |
| | 중학교 | 2.34 | 1.322 | 8.0% | 20.6% | 40.1% | 31.2% | 100.0% | 436 |
| | 고등 학교 | 2.33 | 1.279 | 6.0% | 22.4% | 41.3% | 30.3% | 100.0% | 433 |
| 전체 | | 2.41 | 1.352 | 8.3% | 23.4% | 37.3% | 31.0% | 100.0% | 1421 |

6.4%, '대체로 그렇다' 44.5%로 50.9%가 긍정적인 응답을 했으며(〈표 4-11〉), 'SNS를 통해 접한다'는 항목에는 '매우 그렇다' 8.3%, '대체로 그렇다' 23.4%로 31.7%가 긍정적인 응답을 했으며(〈표 4-12〉), '전교조 홈페이지를 통해 접한다'는 항목에는 '매우 그렇다' 1.2%, '대체로 그렇다' 7.0%로 8.2%가 긍정적인 응답을 했다(〈표 4-13〉).

5점 척도로 비교해 보면, '조합원 동료교사로부터 정보를 얻는다'가 3.49점으로 가장 높고, '대중매체(TV, 신문, 라디오)를 통해 접한다'가 2.94점, '전교조 신문 〈교육희망〉을 본다' 2.46점, 'SNS를 통해 접한

<표 4-13> 전교조 홈페이지를 통해 접한다

| | | 평균 | 표준편차 | 매우 그렇다 | 대체로 그렇다 | 별로 그렇지 않다 | 전혀 그렇지 않다 | 전체 | 유효 사례수 |
|---|---|---|---|---|---|---|---|---|---|
| 구분** | 일반교사 | 1.39 | 0.686 | 0.4% | 3.1% | 27.7% | 68.8% | 100.0% | 799 |
| | 조합원 | 1.93 | 1.030 | 2.3% | 12.0% | 47.6% | 38.1% | 100.0% | 617 |
| 연령** | 20대 | 1.40 | 0.726 | | 4.7% | 26.0% | 69.2% | 100.0% | 169 |
| | 30대 | 1.52 | 0.858 | 1.1% | 5.9% | 29.6% | 63.4% | 100.0% | 372 |
| | 40대 | 1.63 | 0.892 | 1.6% | 6.1% | 38.4% | 53.9% | 100.0% | 492 |
| | 50대 이상 | 1.80 | 0.946 | 1.4% | 9.5% | 46.2% | 42.9% | 100.0% | 368 |
| 급별** | 초등학교 | 1.60 | 0.916 | 0.8% | 8.5% | 31.8% | 59.0% | 100.0% | 532 |
| | 중학교 | 1.63 | 0.904 | 2.1% | 5.5% | 38.1% | 54.3% | 100.0% | 433 |
| | 고등학교 | 1.62 | 0.841 | 0.9% | 6.0% | 40.4% | 52.7% | 100.0% | 433 |
| 전체 | | 1.62 | 0.894 | 1.2% | 7.0% | 36.4% | 55.4% | 100.0% | 1416 |

다'가 2.41점, '전교조 홈페이지를 통해 접한다'가 1.62점 순이다.

교차분석 결과를 보면 다섯 가지 정보 획득 통로 모든 항목에서 일반교사보다 조합원의 긍정적인 응답률이 높다. 그중에서도 '<교육희망>을 본다'는 항목에 대한 조합원 응답률이 월등히 높다. 이는 전교조 조합원들이 정기구독을 하는 <교육희망>이 전교조에 관한 중요한 정보획득원임을 확인해주고 있다. 연령별, 학교 급별, 성별 교차분석 결과를 모든 항목에서 연령이 높을수록 긍정적인 응답 비율이 높다. 이는 높은 연령층이 전교조에 관한 정보에 더 많을 관심을 가지고 있

〈그림 4-5〉 전교조 정보 획득 통로

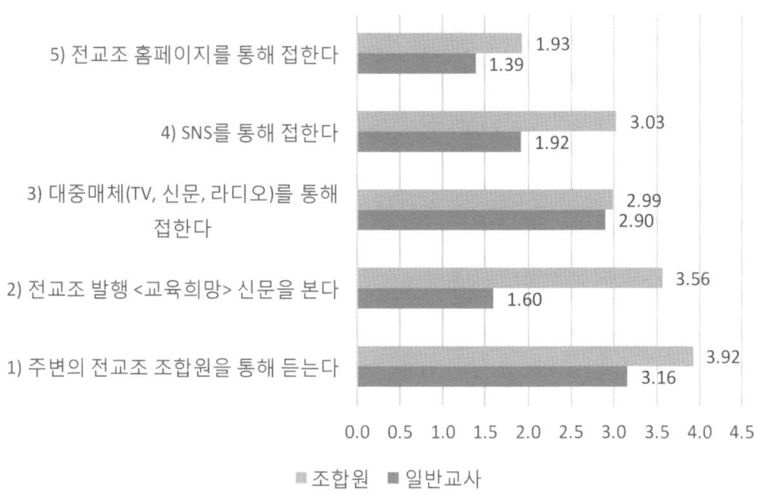


음을 보여주는 것이다. 'SNS를 통해 접한다'는 항목에는 학교 급별로 초등학교 교사들의 긍정적 응답률이 상대적으로 더 높게 나타났다.

〈그림 4-5〉는 전교조 활동에 관한 정보를 얻는 여러 통로를 비교한 것이다.

## 6. 전교조 활동에 대한 관심도

전교조가 주관하는 여러 가지 행사에 참여하는 정도를 통해 일반교사와 조합원의 전교조 활동에 대한 관심도를 살펴보았다.

집회 참여는 일반교사는 0.5%로 매우 저조한 반면, 조합원의 경우는 30.6%가 집회 참여 경험이 있다. 연령별로는 연령이 높을수록, 성

〈표 4-14〉 집회 참여

| | | 있다 | 없다 | 전체 |
|---|---|---|---|---|
| 구분 | 일반교사 | 0.5% | 99.5% | 100.0% |
| | 조합원 | 30.6% | 69.4% | 100.0% |
| 연령** | 20대 | 3.5% | 96.5% | 100.0% |
| | 30대 | 5.6% | 94.4% | 100.0% |
| | 40대 | 16.5% | 83.5% | 100.0% |
| | 50대 이상 | 22.5% | 77.5% | 100.0% |
| 성별** | 남 | 17.2% | 82.8% | 100.0% |
| | 여 | 12.3% | 87.7% | 100.0% |
| 전체 | | 13.8% | 86.2% | 100.0% |

〈표 4-15〉 서명운동 참여

| | | 있다 | 없다 | 전체 |
|---|---|---|---|---|
| 구분** | 일반교사 | 44.0% | 56.0% | 100.0% |
| | 조합원 | 91.6% | 8.4% | 100.0% |
| 연령** | 20대 | 44.7% | 55.3% | 100.0% |
| | 30대 | 55.2% | 44.8% | 100.0% |
| | 40대 | 71.0% | 29.0% | 100.0% |
| | 50대 이상 | 75.3% | 24.7% | 100.0% |
| 전체 | | 65.1% | 34.9% | 100.0% |

별로는 여성보다 남성이 참여도가 높다(〈표 4-14〉).

서명운동의 경우는 조합원은 참여율이 91.6%에 달하며, 일반교사의 경우도 44.0%로 절반 가까지 된다. 연령별로는 연령이 높을수록

〈표 4-16〉 연수(원격, 직무, 자율)와 워크숍 참여

| | | 있다 | 없다 | 전체 |
|---|---|---|---|---|
| 구분** | 일반교사 | 14.4% | 85.6% | 100.0% |
| | 조합원 | 38.3% | 61.7% | 100.0% |
| 연령** | 20대 | 14.1% | 85.9% | 100.0% |
| | 30대 | 18.4% | 81.6% | 100.0% |
| | 40대 | 31.4% | 68.6% | 100.0% |
| | 50대 이상 | 27.4% | 72.6% | 100.0% |
| 급별** | 초등학교 | 30.1% | 69.9% | 100.0% |
| | 중학교 | 23.4% | 76.6% | 100.0% |
| | 고등학교 | 20.6% | 79.4% | 100.0% |
| 전체 | | 24.9% | 75.1% | 100.0% |

참여도가 높다(〈표 4-15〉).

각종 연수(원격, 직무, 자율)의 경우 일반교사는 참여율이 14.4%, 조합원은 38.3%로 나타났다. 연령별로는 40대가 가장 높고, 학교 급별로는 초등학교, 중학교, 고등학교 순으로 참여도가 높다(〈표 4-16〉).

교과, 주제, 지회 등 각종 소모임의 경우 일반교사는 참여율이 6.6%에 불과하며, 조합원은 47.8%로 나타났다. 연령별로는 연령이 높을수록 참여도가 높다(〈표 4-17〉).

북콘서트나 영화제와 같은 문화행사의 경우는 참여율이 일반교사가 6.8%, 조합원이 35.9%로 다른 활동보다 상대적으로 차이가 작다. 연령별로는 연령이 높을수록 참여도가 높다(〈표 4-18〉).

〈그림 4-6〉은 전교조가 주관하는 각종 행사 참여도를 한눈에 비교

〈표 4-17〉 교과, 주제, 지회 등 소모임 참여

| | | 있다 | 없다 | 전체 |
|---|---|---|---|---|
| 구분** | 일반교사 | 6.6% | 93.4% | 100.0% |
| | 조합원 | 47.8% | 52.2% | 100.0% |
| 연령** | 20대 | 14.7% | 85.3% | 100.0% |
| | 30대 | 18.1% | 81.9% | 100.0% |
| | 40대 | 29.3% | 70.7% | 100.0% |
| | 50대 이상 | 29.7% | 70.3% | 100.0% |
| 전체 | | 24.8% | 75.2% | 100.0% |

〈표 4-18〉 북콘서트나 영화제와 같은 문화행사 참여

| | | 있다 | 없다 | 전체 |
|---|---|---|---|---|
| 구분 | 일반교사 | 6.8% | 93.2% | 100.0% |
| | 조합원 | 35.9% | 64.1% | 100.0% |
| 연령** | 20대 | 9.4% | 90.6% | 100.0% |
| | 30대 | 10.9% | 89.1% | 100.0% |
| | 40대 | 21.4% | 78.6% | 100.0% |
| | 50대 이상 | 30.0% | 70.0% | 100.0% |
| 전체 | | 19.7% | 80.3% | 100.0% |

할 수 있도록 나타낸 것이다. 2014년과 비교하면 모든 활동 방식 참여율의 경향은 비슷하지만 참여도는 약간 떨어졌다.

〈그림 4-6〉 전교조 활동 참여

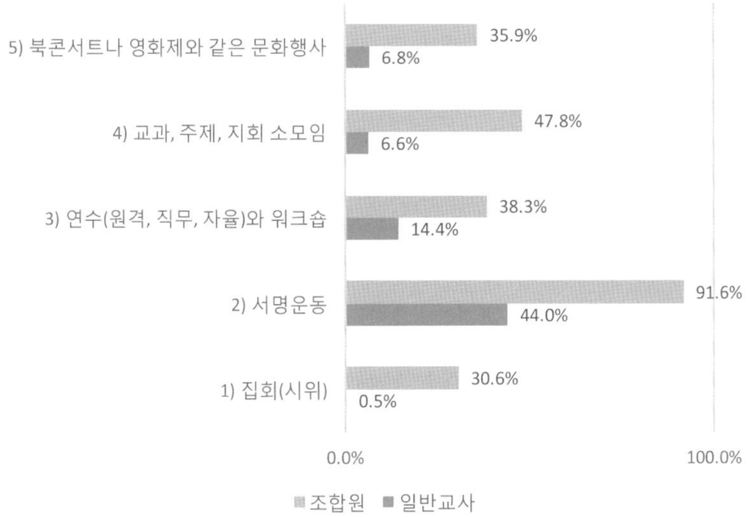


# 7. 전교조 분회의 교육환경 개선 기여도

'전교조 분회는 학교의 교육환경을 바꾸는 데 얼마나 기여하고 있는가'라는 문항에 대하여 전체적으로 긍정적인 응답이 60.2%인 데 비해 부정적인 응답은 14.0%로 상당히 긍정적이다. 5점 척도로 일반교사가 3.53점인 데 비해 조합원이 3.66점으로 더 긍정적인 것은 조합원 정체성이 높다는 것을 나타낸다. 연령별로는 20대가 가장 긍정적인 평가를 하고 있으며, 학교 급별로 보면 중학교, 초등학교, 고등학교 순으로 높게 나타났다(〈표 4-19〉).

시기별로 보면, 일반교사의 경우 2005년 3.61점에서 2009년에는 3.42점으로 떨어졌다가 2014년에는 3.55점으로 다시 높아졌으나 2019

〈표 4-19〉 선생님 학교에서 전교조분회는 학교의 교육환경을 바꾸는 데 얼마나 기여하고 있다고 생각하십니까?

| | | 평균 | 표준편차 | 거의 바꾸지 못하고 있다 | 별로 바꾸지 못하고 있다 | 그저 그렇다 | 약간은 바꾸고 있다 | 많이 바꾸고 있다 | 전체 | 유효 사례수 |
|---|---|---|---|---|---|---|---|---|---|---|
| 구분** | 일반교사 | 3.53 | 0.977 | 3.8% | 10.3% | 28.7% | 43.7% | 13.4% | 100.0% | 812 |
| | 조합원 | 3.66 | 1.046 | 4.6% | 9.4% | 22.0% | 43.8% | 20.2% | 100.0% | 658 |
| 연령** | 20대 | 3.70 | 0.897 | 1.8% | 5.3% | 32.5% | 41.4% | 18.9% | 100.0% | 169 |
| | 30대 | 3.65 | 0.986 | 3.5% | 8.3% | 26.9% | 42.9% | 18.4% | 100.0% | 375 |
| | 40대 | 3.50 | 1.010 | 4.5% | 12.2% | 24.5% | 46.0% | 12.8% | 100.0% | 515 |
| | 50대 이상 | 3.58 | 1.077 | 5.6% | 10.4% | 23.2% | 42.2% | 18.7% | 100.0% | 396 |
| 급별** | 초등학교 | 3.64 | 1.063 | 4.9% | 9.8% | 22.5% | 42.5% | 20.3% | 100.0% | 551 |
| | 중학교 | 3.73 | 0.961 | 2.7% | 8.6% | 21.2% | 47.8% | 19.7% | 100.0% | 452 |
| | 고등학교 | 3.38 | 0.962 | 4.9% | 11.2% | 33.7% | 41.7% | 8.5% | 100.0% | 448 |
| 전체 | | 3.58 | 1.010 | 4.1% | 9.9% | 25.7% | 43.7% | 16.5% | 100.0% | 1470 |

년에는 3.53으로 약간 낮아졌다. 조합원의 경우는 2005년 3.61점에서 2009년 3.29점으로 상당히 떨어졌다가 2014년에는 3.74점으로 상당히 높아졌으나 2019년에는 3.66점으로 약간 낮아졌다(〈그림 4-7〉). 일반교사와 조합원 모두 비슷한 평가 경향을 보이고 있는데, 합법화 이후 분회 활동 다소 활발했으나, 이명박 정부 시기 조합원 감소와 전교조 탄압으로 분회 활동이 상대적으로 위축되다가 박근혜 정부 시기 대정

〈그림 4-7〉 전교조 분회 기여도

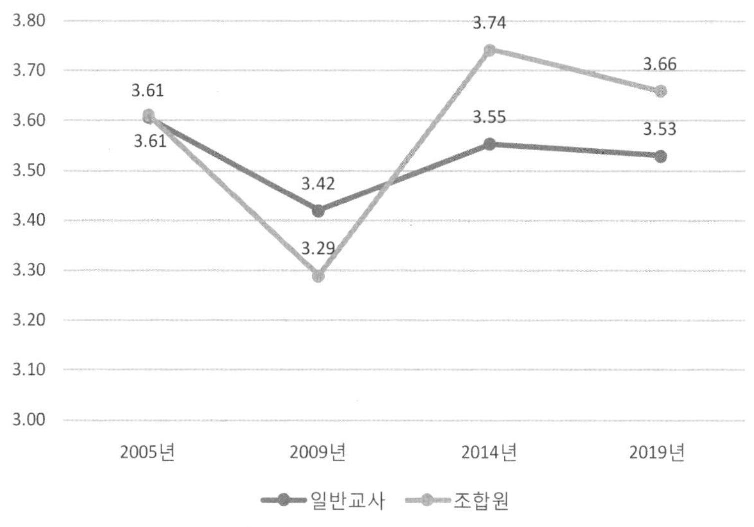


부 투쟁이 활발해졌으나 최근 들어 투쟁의 성과가 가시적으로 나타나지 않아 다시 위축된 것을 반영하는 것으로 보인다. 일반교사보다 조합원의 경우가 평가 등락의 폭이 더 큰 것은 분회 활동에 대한 체감도의 차이를 반영하는 것으로 해석할 수 있다.

## 8. 법외 노조 문제

박근혜 정부 시기 해직교사의 조합원 자격 시비로 법외노조가 된 전교조에 대한 문재인 정부의 조치에 관해 교사들이 어떻게 생각하는지 질문했다. '박근혜 정부에 의해 법외노조가 된 전교조를 문재인 대

〈표 4-20〉 박근혜 정부에 의해 법외노조가 된 전교조를 문재인 대통령이 직권 취소를 하지 않는 것에 대해 부당하다고 생각하십니까?

| | | 매우 그렇다 | 대체로 그렇다 | 별로 그렇지 않다 | 전혀 그렇지 않다 | 전체 |
|---|---|---|---|---|---|---|
| 구분** | 일반교사 | 16.1% | 47.1% | 33.8% | 3.0% | 100.0% |
| | 조합원 | 61.8% | 29.8% | 6.7% | 1.7% | 100.0% |
| 연령** | 20대 | 11.8% | 55.6% | 29.4% | 3.3% | 100.0% |
| | 30대 | 23.9% | 40.6% | 31.4% | 4.2% | 100.0% |
| | 40대 | 43.4% | 40.2% | 15.6% | 0.8% | 100.0% |
| | 50대 이상 | 51.0% | 30.1% | 16.4% | 2.5% | 100.0% |
| 급별** | 초등학교 | 39.6% | 41.8% | 16.7% | 1.9% | 100.0% |
| | 중학교 | 34.8% | 39.4% | 23.1% | 2.7% | 100.0% |
| | 고등학교 | 36.5% | 36.2% | 24.8% | 2.5% | 100.0% |
| 성별** | 남 | 38.4% | 33.4% | 25.5% | 2.7% | 100.0% |
| | 여 | 36.6% | 41.4% | 19.8% | 2.3% | 100.0% |
| 전체 | | 37.1% | 39.1% | 21.4% | 2.4% | 100.0% |

통령이 직권 취소를 하지 않는 것에 대해 부당하다고 생각하십니까?' 라는 문항에 대하여 '매우 그렇다' 37.1%, '대체로 그렇다' 39.1%로 76.2%가 긍정적으로 응답한 반면, 부정적인 응답은 23.8%에 불과했다. 연령별로는 연령이 높을수록, 학교 급별로는 초등학교, 고등학교, 중학교 순으로, 성별로는 남성보다 여성의 긍정적인 응답률이 높게 나타났다(〈표 4-20〉).

'전교조 법외노조 문제를 어떻게 해결해야 한다고 생각하십니까?'

〈표 4-21〉 전교조 법외노조 문제를 어떻게 해결해야 된다고 생각하십니까?

| | | 대통령의 직권취소 | 교원 노조법 개정 | 사법부(대법원)의 판결 | 모르겠다 | 전체 |
|---|---|---|---|---|---|---|
| 구분** | 일반교사 | 12.8% | 31.7% | 15.8% | 39.7% | 100.0% |
| | 조합원 | 45.6% | 28.9% | 13.7% | 11.9% | 100.0% |
| 연령** | 20대 | 7.8% | 24.0% | 15.6% | 52.7% | 100.0% |
| | 30대 | 16.2% | 31.4% | 16.0% | 36.4% | 100.0% |
| | 40대 | 32.6% | 32.2% | 15.0% | 20.1% | 100.0% |
| | 50대 이상 | 39.7% | 29.7% | 13.5% | 17.2% | 100.0% |
| 성별** | 남 | 28.4% | 34.2% | 18.4% | 18.9% | 100.0% |
| | 여 | 27.2% | 28.9% | 13.4% | 30.5% | 100.0% |
| 전체 | | 27.5% | 30.4% | 14.8% | 27.2% | 100.0% |

라는 문항에 대해서는 전체적으로 '교원노조법 개정'이 30.4%로 가장 많고, '대통령의 직권 취소'가 27.5%, '사법부(대법원)의 판결이 14.8%로 나타났다. 조합원의 경우는 '대통령의 직권 취소'라고 응답한 비율이 45.6%로 높은 반면, 일반교사의 경우는 '교원노조법 개정'이라고 응답한 비율이 상대적으로 더 높다. 조합원은 시간이 걸리는 교원노조법 개정이나 대법원 판결보다는 당장 실행할 수 있는 대통령 직권 취소가 바람직하다고 생각하는 반면, 일반교사들은 법률적 해결을 선호하고 있는 것이다. 연령별로는 연령이 낮을수록, 남성보다는 여성이 '모르겠다'고 응답한 비율이 더 높게 나타났다(〈표 4-21〉).

## 9. 소결

교사들은 노동조합 형태의 교원단체의 필요성에 대해서는 당연한 것으로 여기고 있는 것으로 나타났다. 조합원은 말할 것도 없고 전교조에 가입하지 않은 교사들도 다수가 교원 노동조합의 필요성에 공감하고 있으며 이러한 인식은 15년 전에 비해 더 확고해졌다. 이는 박근혜 정부 때 법외노조화와 극심한 탄압에도 불구하고 전교조가 전체 교사들을 대표하는 대중조직으로서의 정체성을 확보했다는 것을 보여주는 것이다. 노동조합 형태의 교사 대중조직에 대한 주체적 회의론과 외부의 이데올로기 공세를 잘 견디고 전교조는 이제 적어도 교사들 사이에서는 합법과 비합법 논란과 별도로 확고한 시민권을 획득했다고 볼 수 있다. 문재인 정부 들어서서 기대했던 법외노조 취소가 이루어지지 않고 있지만 교원노조 필요성에 대한 인식은 더 확고해졌다.

전교조 활동 전반에 대한 평가도 일반교사와 조합원 모두에서 대체로 긍정적으로 나타났다. 일반교사보다 조합원의 평가가 더 긍정적이라는 것은 조합원들의 조직 정체감을 반영하는 것이어서 고무적이다. 전교조 활동 전반에 대한 평가 점수의 변화는 지난 15년간 기복을 보이고 있는데, 이는 전교조 활동의 외부적 환경과 내부적 투쟁을 반영한 것으로 해석할 수 있다. 2005년에는 합법화 이후 전교조 조직 확대가 정점에 달한 시점으로 상대적으로 긍정적 평가가 높다가, 이명박 정부 시기 신자유주의 공세와 조합원 감소로 전교조 활동이 위축되어 긍정적 평가가 낮아졌다. 박근혜 정부 시기에는 법외노조화 등 박근혜 정부의 전교조에 대한 전면적 탄압에 대한 반작용으로 투쟁력이 회복되면서 다시 긍정적인 평가로 전환되었다. 문재인 정부에 들어서서 전교조 활동의 환경이 좋아지고 활동력에 대한 기대감이 높아졌으나 법외노조 취소 투쟁이 큰 성과를 거두지 못하고 있어 긍정적 평가가 다소 낮아졌다고 할 수 있다.

전교조의 사회적 위상에 대한 평가는 여전히 다소 부정적인 것으로 나타났는데, 이는 전교조가 아직 교사대중 조직으로서 마땅히 누려야 할 지위를 확보하고 있지 못하다는 점을 보여준다. 지난 15년 동안 이명박, 박근혜 정부의 전교조에 탄압과 조합원 감소 등으로 일반교사들 사이에서는 전교조에 대한 사회적 평가가 지속적으로 낮아진 반면, 조합원들의 경우는 다소 긍정적인 조짐을 확인할 수 있어 그나마 다행이라고 생각된다. 조합원들 사이에서는 전교조의 사회적 지위에 대한 평가가 이명박 정부 때 하락했지만 박근혜 정부 시기 극심한 탄압에도 불구하고 투쟁력이 회복되고 문재인 정부에 들어서서 전교조 활동에 대한 기대가 반영되어 다소 상승한 것은 고무적인 일이다.

전교조의 사회적 위상이 낮은 데 비해 전교조 조합원 교사들에 대한 평판은 상대적으로 높은 편이다. 사회개혁 열망, 동료교사와의 협력과 소통, 학생들에 대한 생활교육, 수업 전문성 등 모든 항목에서 일반교사보다 조합원 스스로의 평가가 더 긍정적인 것은 전교조 조합원들이 조합원 정체성에 대한 자부심을 강하게 가지고 있다는 점을 드러내는 것이라고 볼 수 있다.

교사들이 전교조 활동에 관한 정보를 얻는 가장 주요한 통로는 조합원 동료들이다. 그 외에 정보를 얻는 매체는 연령별로 상당한 차이를 보이고 있다. 높은 연령층에서는 전통적인 매체인 신문, 홈페이지

등을 상대적으로 자주 이용하는 반면, 젊은 연령층에서는 SNS를 이용하는 비율이 높다. 전교조가 새로운 활력을 얻기 위해서는 홍보 전략에서 변화의 노력이 요구된다고 하겠다.

전교조가 주관하는 행사에 대한 관심은 일반교사와 조합원 사이에 격차가 크다. 서명운동이나 연수, 문화행사와 같이 비교적 가볍게 참여할 수 있는 활동에는 일반교사와 조합원 사이의 격차가 상대적으로 크지 않지만, 집회나 소모임 등 주체적 결의가 다소 필요한 활동에서는 둘 사이의 격차가 매우 크다. 전교조 행사의 기획에서 각종 행사의 주요 목표 대상을 조합원으로 할 것인지 일반교사로 할 것인지 판단이 필요한 대목이다. 행사 참여에서 낮은 연령층일수록 참여도가 낮은데, 젊은 교사들의 참여를 유도할 수 있는 기획도 중요해 보인다.

전교조 분회가 단위 학교의 교육환경 개선에는 여전히 크게 기여하고 있는 것으로 나타났다. 일반교사보다 조합원의 평가가 더 긍정적인 것은 고무적이다. 시기별 추이를 보면 일반교사와 조합원 모두 비슷한 평가 경향을 보이고 있는데, 노무현 정부 시기 분회 활동 다소 활발했으나, 이명박 정부시기에 상대적으로 위축되다가 박근혜 정부시기에 활발해졌으나 문재인 정부시기에 다소 위축되는 모습을 보이고 있다. 일반교사보다 조합원의 경우가 평가 등락의 폭이 더 큰 것은 분회 활동에 대한 체감도의 차이를 반영하는 것으로 해석할 수 있다.

박근혜 정부시기 법외노조가 된 전교조를 문재인 정부가 직권취소를 하지 않는 것에 대해 조합원은 물론이고 다수의 교사들은 강한 불만을 표출하고 있다. 향후 해결 방법에 대해서는 일반교사와 조합원 사이에 견해차를 보이고 있다. 일반교사들은 상당한 수가 '교원노조법 개정'이라고 응답한 반면, 조합원은 다수가 '직권 취소'라고 응답하고 있다.

# 제5장
# 전교조 조합원의 의식과 활동

## 1. 전교조 가입 시기

현재 전교조가 안고 있는 가장 큰 과제 가운데 하나는 조합원 수의 감소 문제이다. 1989년 약 1만 명의 조합원을 가지고 법외노조로 출범한 전교조는 정부의 탄압으로 1,500명에 달하는 대규모 해직 사태와 복직투쟁을 거쳐 1999년에 합법화되었다. 합법화 이후 몇 년간 조합원 수는 비약적으로 증가해서 10만 명에 육박하여 한국에서 최대의 단일 노동조합이 되었으나 2003년을 고비로 조합원 수가 점차 줄어들어 2014년 현재 약 4만 8천여 명이다. 그나마 다행인 것은 감소 추세가 다소 완화되어 상대적으로 안정되고 있는 것으로 보인다. 현재는 퇴직으로 인한 조합원 감소에 신규 조합원이 가입이 약간 못 미쳐 다소 감소하고 있는 추세이다. 이러한 조합원 감소 추세는 현재 조합원의 전교조 가입 시기에 반영되어 있다.

현재 조합원의 전교조 가입 시기는 1999년 합법화 이전에 가입한 조합원이 28.8%, 합법화 이후 2002년까지 가입한 조합원이 24.6%, 2003년부터 2007년까지 15.0%, 2008년부터 2012년까지 6.4%, 2013년부터 2019년까지 25.1%로 구성되어 있다(〈표 5-1〉). 2008년은 이명박 정부가 본격적인 신자유주의정책을 밀어붙인 시기로 신규 조합원이 급감했으며, 2013년 이후 박근혜 정부가 해직교사 조합원 자격을 빌미로 전교조를 법외노조화하자 신규 조합원이 다시 늘어난 것을 확인할 수 있다.

〈표 5-1〉 전교조 가입시기 - 연령 교차표

| | 가입시기 | 1998년 이전 | 2002년 까지 | 2007년 까지 | 2012년 까지 | 2013년 이후 | 전체 |
|---|---|---|---|---|---|---|---|
| 전체 | | 28.8% | 24.6% | 15.0% | 6.4% | 25.1% | 100.0% |
| 연령** | 20대 | | | | | 100.0% | 100.0% |
| | 30대 | | 0.9% | 17.4% | 19.3% | 62.4% | 100.0% |
| | 40대 | 15.2% | 40.2% | 21.7% | 5.8% | 17.0% | 100.0% |
| | 50, 60대 | 64.4% | 19.6% | 7.8% | 1.8% | 6.4% | 100.0% |
| 연령** | 20대 | | | | | 18.9% | 4.7% |
| | 30대 | | 0.6% | 19.8% | 51.2% | 42.8% | 17.2% |
| | 40대 | 23.0% | 71.6% | 62.5% | 39.0% | 29.6% | 43.5% |
| | 50, 60대 | 77.0% | 27.7% | 17.7% | 9.8% | 8.8% | 34.5% |
| 전체 | | 100.0% | 100.0% | 100.0% | 100.0% | 100.0% | 100.0% |

** $p < 0.05$. 이하 모든 표에서 **는 95% 신뢰수준에서 통계적으로 유의함을 의미한다.

연령별로 보면 연령이 높을수록 가입시기가 오래된 것은 충분히 예상할 수 있다. 2013년 이후 가입한 조합원의 연령 구성을 살펴보면, 30대가 42.8%, 40대가 29.6%로 집중되어 있고, 20대가 18.9%, 50대 이상이 8.8%로 나타났다(〈그림 5-1〉).

〈그림 5-1〉 전교조 가입시기 - 연령 교차표

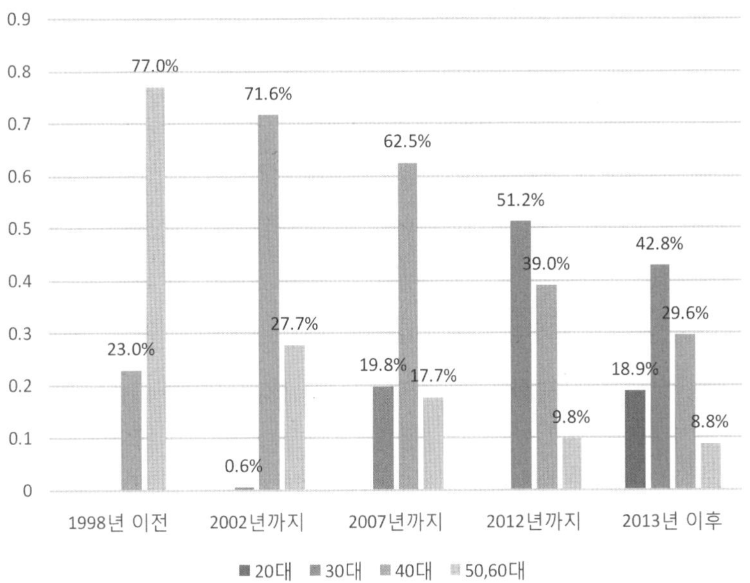


학교 급별로 보면 합법화 이전에 가입한 조합원은 고등학교, 중학교, 초등학교 순으로 많았으나 시간이 지날수록 초등학교의 신규 조합원 수가 상대적으로 더 늘고, 고등학교의 신규 조합원 수는 점점 감소하는 것을 볼 수 있다(〈표 5-2〉, 〈그림 5-2〉).

성별로 보면 남성은 가입시기가 오랜 조합원이 상대적으로 많은 반면, 여성은 가입시기가 상대적으로 최근이다. 남성보다 여성이 새로 가입하는 조합원이 상대적으로 많다는 말이다(〈표 5-3〉, 〈그림 5-3〉).

2005년 조사와 2014년 조사와 비교해 보면 1999년 합법화 이전 시기에 가입한 조합원이 2005년 조사에서는 32.5%, 2014년 조사에서는 32.3%였는데, 이번 조사에서도 28.8%로 크게 줄어들지 않았다. 이는

〈표 5-2〉 전교조 가입시기 - 학교 급별 교차표

| | | 1998년 이전 | 2002년 까지 | 2007년 까지 | 2012년 까지 | 2013년 이후 | 전체 |
|---|---|---|---|---|---|---|---|
| 전체 | | 28.8% | 24.6% | 15.0% | 6.4% | 25.1% | 100.0% |
| 급별 | 초등학교 | 19.8% | 22.7% | 17.4% | 7.7% | 32.4% | 100.0% |
| | 중학교 | 36.1% | 28.4% | 10.4% | 3.8% | 21.3% | 100.0% |
| | 고등학교 | 33.5% | 23.8% | 16.5% | 7.3% | 18.9% | 100.0% |
| 급별 | 초등학교 | 26.6% | 35.7% | 44.8% | 46.3% | 50.6% | 38.8% |
| | 중학교 | 35.9% | 33.1% | 19.8% | 17.1% | 24.7% | 28.8% |
| | 고등학교 | 37.5% | 31.2% | 35.4% | 36.6% | 24.7% | 32.4% |
| 전체 | | 100.0% | 100.0% | 100.0% | 100.0% | 100.0% | 100.0% |

〈그림 5-2〉 전교조 가입시기 - 학교 급별 교차표

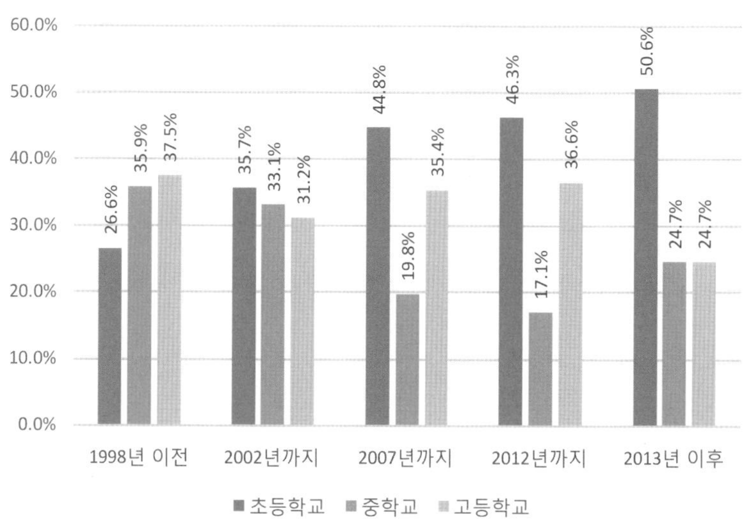

〈표 5-3〉 전교조 가입시기 - 성별 교차표

| | | 1998년 이전 | 2002년 까지 | 2007년 까지 | 2012년 까지 | 2013년 이후 | 전체 |
|---|---|---|---|---|---|---|---|
| 전체 | | 28.8% | 24.6% | 15.0% | 6.4% | 25.1% | 100.0% |
| 성별 | 남 | 37.6% | 25.8% | 12.4% | 6.2% | 18.0% | 100.0% |
| | 여 | 25.4% | 24.1% | 16.1% | 6.5% | 27.8% | 100.0% |
| 성별 | 남 | 36.4% | 29.3% | 22.9% | 26.8% | 20.0% | 27.9% |
| | 여 | 63.6% | 70.7% | 77.1% | 73.2% | 80.0% | 72.1% |
| 전체 | | 100.0% | 100.0% | 100.0% | 100.0% | 100.0% | 100.0% |

〈그림 5-3〉 전교조 가입시기 - 성별 교차표

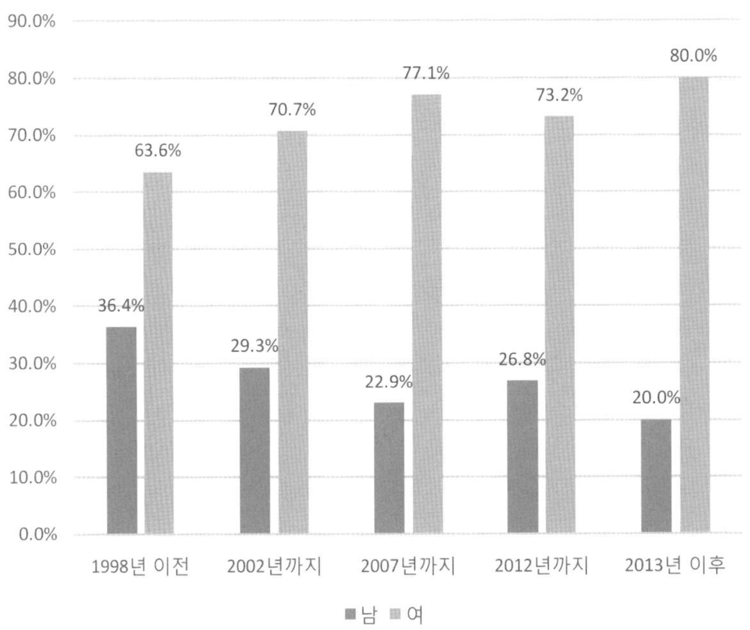

2005년 이후 약 15년간 전교조 합법화 이전 가입한 조합원의 정년이나 탈퇴로 인한 감소를 상쇄할 만큼 신규 조합원의 가입이 많지 않았다는 것을 통계적으로 보여주고 있다.

## 2. 전교조 가입 계기

전교조에 가입한 계기를 묻는 질문에는 '선배 · 동료교사의 권유'(47.1%)와 '평소 소신으로'(44.8%) 가입하게 되었다는 응답이 압도적으로 많았다(〈표 5-4〉). 평소의 소신에 작용하는 요인은 너무 많아 통제하기 어렵기 때문에 특별한 대책을 세우기가 어렵다고 한다면, 신규 조합원 가입을 위해서는 현재 조합원들의 적극적인 권유가 대단히 중요함을 알 수 있다. 특히 연령별로 보면 젊은 연령층일수록 선배 · 동료 교사의 권유가 더 큰 영향을 미친다는 것을 알 수 있다. 그리고 남성보다 여성이, 학교 급별로는 초등학교 교사가 선배 · 동료 교사의 권유에 더 민감하게 반응한 것으로 나타난다.

특기할 만한 것은 합법화 이전에 가입한 조합원(11.4%)와 2013년 이후 가입한 조합원의 경우(9.4%) '전교조 탄압 국면에 힘을 보태기 위해서' 가입했다는 조합원이 다른 시기에 가입한 조합원보다 높은 응답률은 보이고 있다.

〈표 5-4〉 전교조 가입 계기

| | | 선배, 동료교사의 권유로 | 부당한 일을 당해서 | 평소 소신으로 | 가입 홍보물을 보고 | 전교조 탄압 국면에 힘을 보태기 위해 | 전교조 행사에 참여하고 나서 |
|---|---|---|---|---|---|---|---|
| 전체 | | 47.1% | 6.8% | 44.8% | 0.6% | 7.2% | 1.3% |
| 연령** | 20대 | 71.9% | 9.4% | 28.1% | 6.3% | 3.1% | 3.1% |
| | 30대 | 58.9% | 8.0% | 36.0% | 1.8% | 7.2% | 0.9% |
| | 40대 | 48.9% | 6.7% | 43.6% | | 4.6% | 1.8% |
| | 50대 이상 | 36.7% | 6.3% | 52.5% | | 10.5% | 0.8% |
| 성별** | 남 | 36.0% | 6.5% | 53.8% | | 6.8% | 1.1% |
| | 여 | 51.3% | 7.0% | 41.5% | 0.8% | 7.6% | 1.5% |
| 급별** | 초등학교 | 54.9% | 6.7% | 35.7% | 0.8% | 6.7% | 1.2% |
| | 중학교 | 44.7% | 9.6% | 44.4% | 1.0% | 5.6% | 2.6% |
| | 고등학교 | 40.3% | 4.2% | 55.1% | | 9.3% | 0.5% |
| 가입 시기** | 합법화 (1999년) 이전 | 34.6% | 5.9% | 56.2% | | 11.4% | 1.1% |
| | 1999~2002년 | 49.0% | 7.6% | 45.9% | | 4.5% | 0.6% |
| | 2003~2007년 | 50.0% | 5.2% | 45.8% | 1.0% | | 3.2% |
| | 2008~2012년 | 47.6% | 4.8% | 35.7% | | 4.8% | |
| | 2013년~ | 58.8% | 9.4% | 32.1% | 1.3% | 9.4% | 0.6% |

## 3. 전교조 활동 참여도

전교조 활동에 대한 조합원의 참여는 분회, 지회, 지부, 전국행사, 교과모임, 교사서명 등 여러 수준에 걸쳐 있다.

분회 활동은 대중조직으로서 전교조의 토대 조직으로 어느 단위보다 중요하다고 할 수 있는데, 5점 척도로 3.61점으로 다른 단위 활동의 경우보다 조합원의 참여도가 높다. 연령별로는 높을수록 활동 참여도가 높게 나타났다(〈표 5-5〉).

〈표 5-5〉 분회 활동과 모임

| | | 평균 | 표준 편차 | 전혀 참여하지 않는다 | 거의 참여하지 않는다 | 가끔 참여 한다 | 자주 참여하는 편이다 | 거의 참여한다 | 유효 사례 수 |
|---|---|---|---|---|---|---|---|---|---|
| 연령** | 20대 | 2.78 | 1.560 | 28.1% | 25.0% | 9.4% | 15.6% | 21.9% | 32 |
| | 30대 | 3.44 | 1.317 | 10.0% | 14.5% | 26.4% | 20.0% | 29.1% | 110 |
| | 40대 | 3.68 | 1.279 | 6.8% | 13.6% | 21.1% | 21.9% | 36.6% | 279 |
| | 50대 이상 | 3.71 | 1.281 | 6.3% | 13.4% | 22.3% | 18.9% | 39.1% | 238 |
| 전체 | | 3.61 | 1.315 | 8.2% | 14.3% | 21.9% | 20.2% | 35.5% | 659 |

* '매우 잘 못한다' 1점, '매우 잘한다' 5점으로 환산한 평균값임.

그 밖에 지회 행사와 활동(〈표 5-6〉), 지부 · 전국 행사 및 집회(〈표 5-7〉), 참실 소모임(교과, 주제)(〈표 5-8〉), 지부 · 전국 참실 연수와 행사(〈표 5-9〉) 참여는 5점 척도로 3점 이하로 분회 활동 참여보다 상당히 낮다. 다만 교사 서명이나 선언(〈표 5-10〉) 참여는 4.17점으로 매우 높게 나타났다.

〈표 5-6〉 지회 행사와 활동

| | | 평균 | 표준편차 | 전혀 참여하지 않는다 | 거의 참여하지 않는다 | 가끔 참여한다 | 자주 참여하는 편이다 | 거의 참여한다 | 유효 사례 수 |
|---|---|---|---|---|---|---|---|---|---|
| 성별** | 남 | 2.71 | 1.253 | 17.7% | 30.6% | 27.4% | 11.3% | 12.9% | 186 |
| | 여 | 2.30 | 1.056 | 24.3% | 37.7% | 26.8% | 6.5% | 4.8% | 478 |
| 급별** | 초등학교 | 2.41 | 1.124 | 24.0% | 31.6% | 30.4% | 7.6% | 6.4% | 250 |
| | 중학교 | 2.48 | 1.256 | 24.9% | 33.5% | 20.8% | 10.7% | 10.2% | 197 |
| | 고등학교 | 2.37 | 1.014 | 18.6% | 41.4% | 29.3% | 5.6% | 5.1% | 215 |
| 가입 시기** | 합법화 (1999년) 이전 | 2.59 | 1.080 | 15.3% | 33.9% | 34.4% | 9.3% | 7.1% | 183 |
| | 1999~2002년 | 2.58 | 1.232 | 19.4% | 34.8% | 26.5% | 7.1% | 12.3% | 155 |
| | 2003~2007년 | 2.49 | 1.071 | 16.8% | 37.9% | 30.5% | 8.4% | 6.3% | 95 |
| | 2008~2012년 | 1.90 | 1.031 | 40.5% | 40.5% | 11.9% | 2.4% | 4.8% | 42 |
| | 2013년~ | 2.20 | 1.084 | 30.2% | 35.8% | 21.4% | 8.8% | 3.8% | 159 |
| 전체 | | 2.41 | 1.129 | 22.4% | 35.7% | 27.0% | 7.8% | 7.1% | 664 |

〈표 5-7〉 지부 · 전국 행사 및 집회

| | | 평균 | 표준편차 | 전혀 참여하지 않는다 | 거의 참여하지 않는다 | 가끔 참여한다 | 자주 참여하는 편이다 | 거의 참여한다 | 유효사례수 |
|---|---|---|---|---|---|---|---|---|---|
| 연령** | 20대 | 1.63 | 0.793 | 53.1% | 34.4% | 9.4% | 3.1% | | 32 |
| | 30대 | 1.77 | 0.925 | 46.4% | 37.3% | 11.8% | 1.8% | 2.7% | 110 |
| | 40대 | 2.01 | 1.002 | 33.8% | 43.5% | 14.7% | 4.0% | 4.0% | 278 |
| | 50대 이상 | 2.28 | 1.036 | 24.4% | 38.7% | 24.8% | 8.8% | 3.4% | 238 |
| 성별** | 남 | 2.28 | 1.110 | 24.7% | 43.0% | 16.7% | 10.2% | 5.4% | 186 |
| | 여 | 1.96 | 0.957 | 36.9% | 39.2% | 17.8% | 3.6% | 2.5% | 477 |
| 급별** | 초등학교 | 1.94 | 0.996 | 40.6% | 34.1% | 18.9% | 3.6% | 2.8% | 249 |
| | 중학교 | 2.16 | 1.118 | 33.0% | 35.5% | 18.3% | 8.6% | 4.6% | 197 |
| | 고등학교 | 2.07 | 0.920 | 26.0% | 51.6% | 14.9% | 4.7% | 2.8% | 215 |
| 가입시기** | 합법화(1999년) 이전 | 2.27 | 1.052 | 25.3% | 38.5% | 23.1% | 9.9% | 3.3% | 182 |
| | 1999~2002년 | 2.17 | 1.058 | 27.7% | 42.6% | 19.4% | 5.2% | 5.2% | 155 |
| | 2003~2007년 | 2.18 | 1.000 | 24.2% | 47.4% | 18.9% | 5.3% | 4.2% | 95 |
| | 2008~2012년 | 1.74 | 0.767 | 42.9% | 42.9% | 11.9% | 2.4% | | 42 |
| | 2013년~ | 1.74 | 0.931 | 49.7% | 34.6% | 10.7% | 2.5% | 2.5% | 159 |
| 전체 | | 2.05 | 1.012 | 33.4% | 40.3% | 17.6% | 5.3% | 3.3% | 658 |

〈표 5-8〉 참실 소모임(교과, 주제)

| | | 평균 | 표준 편차 | 전혀 참여하지 않는다 | 거의 참여하지 않는다 | 가끔 참여 한다 | 자주 참여하는 편이다 | 거의 참여한다 | 유효 사례 수 |
|---|---|---|---|---|---|---|---|---|---|
| 성별** | 남 | 2.23 | 1.075 | 25.9% | 42.7% | 19.5% | 6.5% | 5.4% | 185 |
| | 여 | 1.96 | 0.970 | 37.0% | 39.9% | 16.0% | 4.6% | 2.5% | 476 |
| 전체 | | 2.03 | 1.007 | 33.9% | 40.7% | 16.9% | 5.1% | 3.3% | 668 |

〈표 5-9〉 지부·전국 참실 연수와 행사

| | | 평균 | 표준 편차 | 전혀 참여하지 않는다 | 거의 참여하지 않는다 | 가끔 참여 한다 | 자주 참여하는 편이다 | 거의 참여 한다 | 유효 사례 수 |
|---|---|---|---|---|---|---|---|---|---|
| 가입 시기** | 합법화(1999년) 이전 | 1.96 | 0.860 | 33.9% | 39.9% | 23.5% | 1.6% | 1.1% | 183 |
| | 1999~2002년 | 1.99 | 0.953 | 34.2% | 42.6% | 15.5% | 5.8% | 1.9% | 155 |
| | 2003~2007년 | 2.16 | 0.976 | 24.5% | 47.9% | 18.1% | 6.4% | 3.2% | 94 |
| | 2008~2012년 | 1.63 | 0.662 | 46.3% | 43.9% | 9.8% | | | 41 |
| | 2013년~ | 1.78 | 0.906 | 46.2% | 36.5% | 12.8% | 2.6% | 1.9% | 156 |
| 전체 | | 1.93 | 0.911 | 36.4% | 41.2% | 17.2% | 3.5% | 1.7% | 665 |

〈표 5-10〉 교사 서명이나 선언

| | | 평균 | 표준 편차 | 전혀 참여하지 않는다 | 거의 참여하지 않는다 | 가끔 참여 한다 | 자주 참여하는 편이다 | 거의 참여 한다 | 유효 사례 수 |
|---|---|---|---|---|---|---|---|---|---|
| 가입 시기** | 합법화 (1999년) 이전 | 4.34 | 0.894 | 1.6% | 1.1% | 15.3% | 25.1% | 56.8% | 183 |
| | 1999~ 2002년 | 4.23 | 0.984 | 1.9% | 3.2% | 18.1% | 23.9% | 52.9% | 155 |
| | 2003~ 2007년 | 4.09 | 0.946 | 1.1% | 5.3% | 17.9% | 34.7% | 41.1% | 95 |
| | 2008~ 2012년 | 4.19 | 1.065 | 2.4% | 2.4% | 26.2% | 11.9% | 57.1% | 42 |
| | 2013년~ | 3.94 | 1.209 | 7.0% | 4.4% | 20.9% | 23.4% | 44.3% | 158 |
| 전체 | | 4.17 | 1.029 | 3.0% | 3.2% | 18.5% | 25.0% | 50.4% | 633 |

교차 분석을 해 보면 지회, 지부, 전국 행사 참여는 가입 시기가 오래될수록, 여성보다 남성이 학교 급별로는 중학교 교사의 참여도가 상대적으로 높다. 참실 소모임의 경우는 여성보다 남성의 참여도가 높으며, 교사 서명이나 선언 참여는 가입 시기가 오래될수록 참여도가 높게 나타났다. 조합원들의 전교조 활동은 각각 특별히 한 단위에 집중되는 경향보다는 조합원 개인의 참여도에 따라 거의 모든 활동 단위에서 참여가 달라진다고 볼 수 있다.

〈그림 5-4〉은 전교조 활동에 대한 조합원과 활동가의 참여도를 한 눈에 비교할 수 있도록 한 것이다.

전교조 활동 참여도 추이를 보자. 2005년 조사, 2009년 조사, 2014

〈그림 5-4〉 전교조 활동 참여도

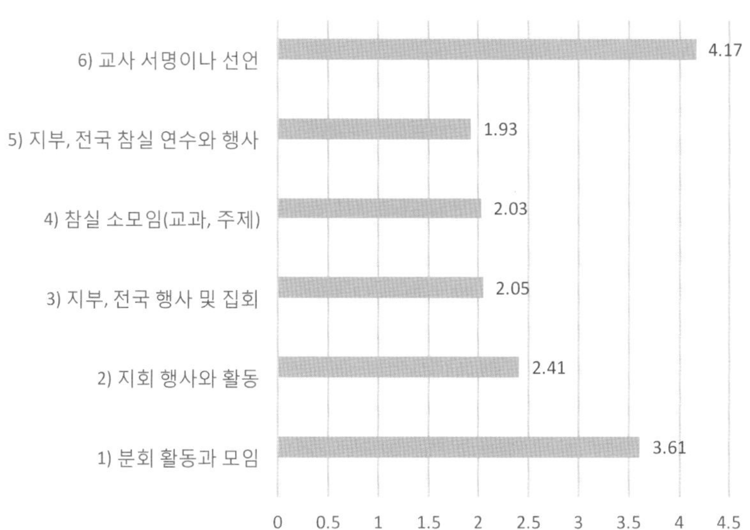


〈그림 5-5〉 전교조 활동 참여도 추이

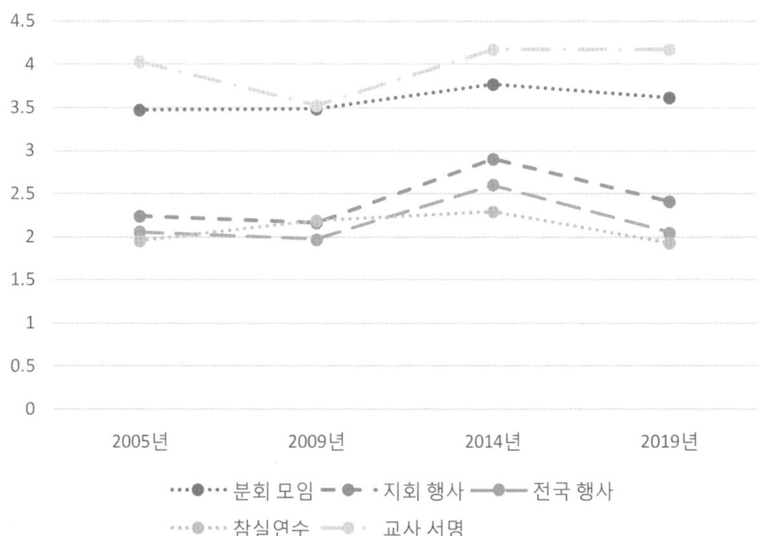

년 조사와 비교해 보면 거의 모든 전교조 활동에서 일정한 경향을 발견할 수 있다(〈그림 5-5〉). 2005년보다 2009년에 참여도가 떨어지다가 2014년에는 일제히 올라가고 다시 2019년에는 떨어지는 경향을 보이고 있다. 이러한 결과는 제4장에서 분석한 전교조에 관한 다른 문항과 비슷한 경향이다. 합법화 이후 몇 년간 조합원 확대 등 전교조 활동이 활발하다가 2000년대 중반부터 침체되었으나 박근혜 정부 때 극심한 탄압에 대응한 투쟁이 전개되어 활동이 활발하다가 법외노조 문제가 해결되지 않아 다시 침체된 것이라고 볼 수 있다.

## 4. 전교조의 효용과 전교조에 대한 요구

전교조가 조합원들에게 어떤 도움이 되면 어떤 요구가 있는지 조사했다. '전교조 가입 이후, 교사로서 선생님의 삶에 도움이 되었습니까?'라는 문항에 대하여 전체적으로 '매우 그렇다' 17.6%, '대체로 그렇다' 56.9%로 다수가 도움이 된다고 응답했다(〈표 5-11〉). 연령이 높을수록, 가입 시기가 오래될수록 긍정적인 응답률이 높게 나타났다. 전교조가 바람직한 도움을 주는 것은 분명하지만, 젊은 연령층과 최근에 가입한 조합원의 긍정적 응답률이 상대적으로 낮다는 것은 조직 발전을 위해 별로 바람직하지 않은 현상이라고 해석된다.

다음으로 전교조로부터 어떤 도움을 받기 원하는가'를 묻는 질문에 대해서는 '교육활동에 필요한 자료'는 5점 척도로 4.08점(〈표 5-12〉), '교육활동을 위한 연수'는 4.05점(〈표 5-13〉), '학교혁신 및 혁

〈표 5-11〉 전교조 가입 이후, 교사로서 선생님의 삶에 도움이 되었습니까?

| | | 평균 | 표준편차 | 매우 그렇다 | 대체로 그렇다 | 별로 그렇지 않다 | 전혀 그렇지 않다 | 유효사례수 |
|---|---|---|---|---|---|---|---|---|
| 연령** | 20대 | 3.35 | 1.050 | 6.5% | 58.1% | 35.5% | | 31 |
| | 30대 | 3.37 | 1.119 | 9.9% | 55.0% | 32.4% | 2.7% | 111 |
| | 40대 | 3.70 | 1.018 | 17.6% | 58.8% | 23.7% | | 279 |
| | 50대 이상 | 3.77 | 1.067 | 22.7% | 55.5% | 20.2% | 1.7% | 238 |
| 가입시기** | 합법화(1999년) 이전 | 3.88 | 1.000 | 23.2% | 60.0% | 14.6% | 2.2% | 185 |
| | 1999~2002년 | 3.77 | 1.052 | 23.1% | 53.8% | 23.1% | | 156 |
| | 2003~2007년 | 3.53 | 1.070 | 12.6% | 57.9% | 28.4% | 1.1% | 95 |
| | 2008~2012년 | 3.38 | 1.209 | 16.7% | 45.2% | 35.7% | 2.4% | 42 |
| | 2013년~ | 3.42 | 1.048 | 8.2% | 58.9% | 32.3% | 0.6% | 158 |
| 전체 | | 3.65 | 1.054 | 17.6% | 56.9% | 24.4% | 1.1% | 659 |

신학교 지원'에는 4.16점(〈표 5-14〉), '동료교사 멘토링'은 3.90점(〈표 5-15〉), '교권 상담 및 연수'는 4.38점(〈표 5-16〉)으로 모든 항목에서 전교조에 대한 조합원의 구체적인 요구가 대단히 크다는 것을 확인할 수 있다.

### 〈표 5-12〉 교육활동에 필요한 자료

| | | 평균 | 표준 편차 | 매우 그렇다 | 대체로 그렇다 | 별로 그렇지 않다 | 전혀 그렇지 않다 | 유효 사례수 |
|---|---|---|---|---|---|---|---|---|
| 급별** | 초등학교 | 4.07 | 0.965 | 35.2% | 50.8% | 13.6% | 0.4% | 250 |
| | 중학교 | 4.10 | 0.968 | 36.8% | 50.8% | 10.9% | 1.6% | 193 |
| | 고등학교 | 4.08 | 0.870 | 30.0% | 59.6% | 9.4% | 0.9% | 213 |
| 전체 | | 4.08 | 0.935 | 34.0% | 53.7% | 11.4% | 0.9% | 656 |

### 〈표 5-13〉 교육활동을 위한 연수

| | | 평균 | 표준 편차 | 매우 그렇다 | 대체로 그렇다 | 별로 그렇지 않다 | 전혀 그렇지 않다 | 유효 사례수 |
|---|---|---|---|---|---|---|---|---|
| 성별** | 남 | 3.87 | 1.051 | 35.6% | 53.2% | 10.3% | 0.8% | 183 |
| | 여 | 4.13 | 0.910 | 26.2% | 55.2% | 16.4% | 2.2% | 477 |
| 전체 | | 4.05 | 0.682 | 33.0% | 53.8% | 12.0% | 1.2% | 660.000 |

### 〈표 5-14〉 학교혁신 및 혁신학교 활동지원

| | | 평균 | 표준 편차 | 매우 그렇다 | 대체로 그렇다 | 별로 그렇지 않다 | 전혀 그렇지 않다 | 유효 사례수 |
|---|---|---|---|---|---|---|---|---|
| 급별** | 초등학교 | 4.05 | 0.913 | 38.4% | 50.8% | 10.0% | 0.8% | 250 |
| | 중학교 | 4.18 | 0.978 | 36.8% | 49.7% | 12.4% | 1.0% | 193 |
| | 고등학교 | 3.86 | 0.970 | 26.8% | 58.2% | 13.6% | 1.4% | 213 |
| 전체 | | 4.16 | 0.954 | 34.1% | 52.9% | 11.9% | 1.1% | 656 |

〈표 5-15〉 동료교사 멘토링

| | | 평균 | 표준 편차 | 매우 그렇다 | 대체로 그렇다 | 별로 그렇지 않다 | 전혀 그렇지 않다 | 유효 사례수 |
|---|---|---|---|---|---|---|---|---|
| 급별** | 초등학교 | 3.96 | 1.011 | 30.8% | 52.4% | 16.0% | 0.8% | 250 |
| | 중학교 | 3.88 | 1.038 | 26.4% | 54.9% | 17.1% | 1.6% | 193 |
| | 고등학교 | 3.85 | 0.981 | 21.2% | 61.3% | 16.0% | 1.4% | 213 |
| 전체 | | 3.90 | 1.010 | 26.4% | 56.0% | 16.3% | 1.2% | 656 |

〈표 5-16〉 교권 상담 및 연수

| | | 평균 | 표준 편차 | 매우 그렇다 | 대체로 그렇다 | 별로 그렇지 않다 | 전혀 그렇지 않다 | 유효 사례수 |
|---|---|---|---|---|---|---|---|---|
| 연령** | 20대 | 4.50 | 0.508 | 50.0% | 50.0% | | | 32 |
| | 30대 | 4.35 | 0.889 | 52.8% | 38.9% | 7.4% | 0.9% | 108 |
| | 40대 | 4.50 | 0.668 | 56.1% | 40.6% | 3.2% | | 278 |
| | 50대 이상 | 4.22 | 0.833 | 38.8% | 53.4% | 6.9% | 0.9% | 232 |
| 성별** | 남 | 4.24 | 0.824 | 39.0% | 53.8% | 6.0% | 1.1% | 182 |
| | 여 | 4.43 | 0.742 | 52.9% | 42.3% | 4.7% | 0.2% | 473 |
| 급별** | 초등학교 | 4.54 | 0.645 | 59.9% | 37.3% | 2.8% | | 252 |
| | 중학교 | 4.35 | 0.776 | 46.1% | 48.7% | 4.1% | 1.0% | 193 |
| | 고등학교 | 4.20 | 0.846 | 38.2% | 53.1% | 8.2% | 0.5% | 207 |
| 전체 | | 4.38 | 0.772 | 49.1% | 45.4% | 5.1% | 0.5% | 650 |

〈그림 5-6〉 전교조에 대한 요구

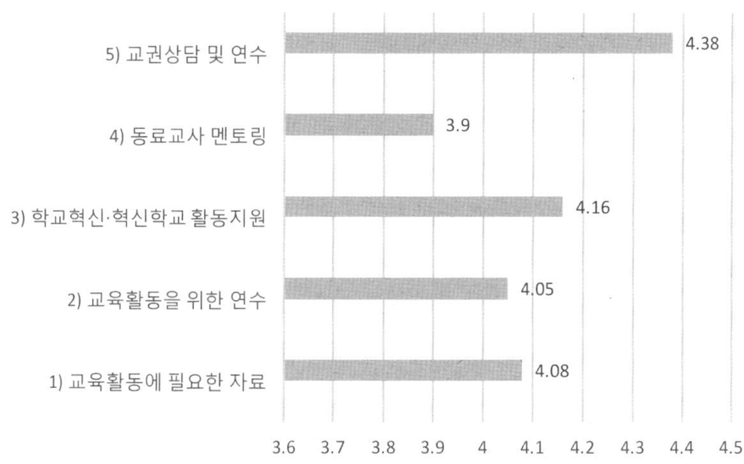


〈그림 5-6〉은 조합원이 전교조로부터 도움을 받기를 원하는 항목들을 한눈에 비교할 수 있도록 나타낸 것이다.

연령, 성, 학교 급별, 가입시기로 교차분석을 한 결과를 보면, '교육활동을 위한 자료'와 '학교 혁신 및 혁신학교 활동 지원'은 학교 급별로 중학교 조합원의 요구가 상대적으로 크고, '교육활동을 위한 연수'는 남성보다 여성의 요구가 더 크며, '동료교사 멘토링'은 초등학교 조합원의 요구가 상대적으로 더 크다. '교권 상담 및 연수'는 연령별로 20대와 40대에서, 학교 급별로는 초등학교에서, 성별로는 여성의 요구가 상대적으로 더 크다.

2014년 조사와 비교해 보면 〈그림 5-7〉에서 보는 바와 같이 모든 항목에서 점수가 상당히 높아져 조합원의 요구가 더 커진 것으로 나타났다. 2014년에 비해 전교조의 활동에 대한 평가는 떨어진 데 반해

〈그림 5-7〉 전교조에 대한 요구 추이

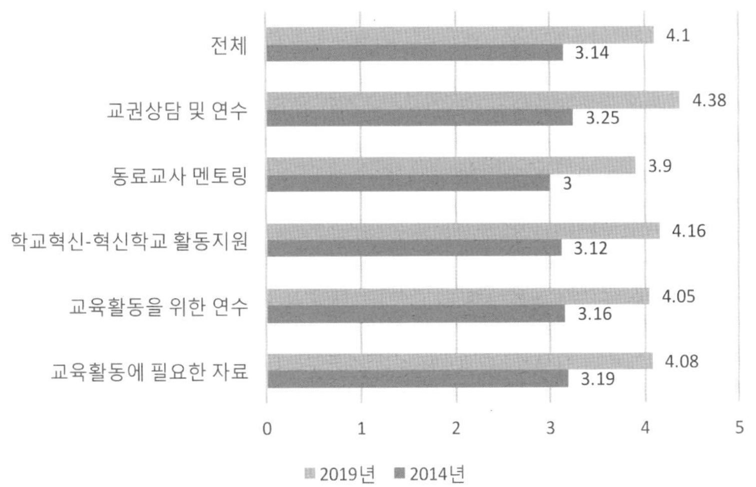


전교조에 대한 요구가 증가한 것은 주목할 만한 일이다.

## 5. 전교조 신문 〈교육희망〉에 대한 관심

전교조 공식 기관지인 〈교육희망〉에 대해 조합원의 경우 '거의 모든 기사를 본다'가 13.6%, '중요한 기사만 본다'가 42.3%로 이 둘을 합치면 55.9%가 관심이 큰 것으로 나타났으며, '거의 모든 기사를 본다'를 5점으로 하고 '거의 보지 않는다'를 1점으로 한 5점 척도로 3.36점으로 다수가 상당한 관심을 가지고 있다(〈표 5-17〉). 이로 볼 때 〈교육희망〉이 교육현안과 전교조 활동에 관한 매체로서의 역할을 어느 정도 충실히 수행하고 있는 것으로 판단된다.

〈표 5-17〉 전교조신문 〈교육희망〉을 어떻게 보십니까?

| | | 평균 | 표준 편차 | 거의 모든 기사를 본다 | 중요한 기사만 본다 | 제목정도만 보고 특정한 기사만 가끔 본다 | 제목 정도만 본다 | 거의 보지 않는다 | 유효 사례 수 |
|---|---|---|---|---|---|---|---|---|---|
| 연령** | 20대 | 2.68 | 1.275 | 3.20% | 32.30% | 19.4% | 19.4% | 25.8% | 31 |
| | 30대 | 2.93 | 1.240 | 7.3% | 30.0% | 30.9% | 11.8% | 20.0% | 111 |
| | 40대 | 3.37 | 1.152 | 12.4% | 43.3% | 24.1% | 9.2% | 11.0% | 285 |
| | 50대 이상 | 3.63 | 1.123 | 19.2% | 47.7% | 17.6% | 7.5% | 7.9% | 243 |
| 급별** | 초등학교 | 3.21 | 1.208 | 8.3% | 45.1% | 20.9% | 10.3% | 15.4% | 257 |
| | 중학교 | 3.41 | 1.231 | 16.8% | 40.8% | 20.4% | 10.2% | 11.7% | 197 |
| | 고등학교 | 3.52 | 1.106 | 17.2% | 40.5% | 26.5% | 8.4% | 7.4% | 219 |
| 성별** | 남 | 3.71 | 1.172 | 24.9% | 43.8% | 17.8% | 4.3% | 9.2% | 187 |
| | 여 | 3.22 | 1.176 | 9.3% | 41.5% | 24.5% | 11.6% | 13.1% | 489 |
| 가입 시기** | 합법화 (1999년) 이전 | 3.59 | 1.158 | 20.5% | 43.2% | 19.5% | 8.1% | 8.6% | 185 |
| | 1999~2002년 | 3.58 | 1.099 | 16.6% | 48.4% | 19.1% | 8.3% | 7.6% | 157 |
| | 2003~2007년 | 3.20 | 1.154 | 8.4% | 38.9% | 30.5% | 8.4% | 13.7% | 95 |
| | 2008~2012년 | 3.39 | 1.262 | 22.00% | 29.30% | 24.4% | 14.6% | 9.8% | 41 |
| | 2013년~ | 2.96 | 1.239 | 5.0% | 39.0% | 22.6% | 13.2% | 20.1% | 159 |
| 전체 | | 3.36 | 1.191 | 13.6% | 42.3% | 22.4% | 9.6% | 12.1% | 662 |

〈그림 5-8〉〈교육희망〉에 대한 관심

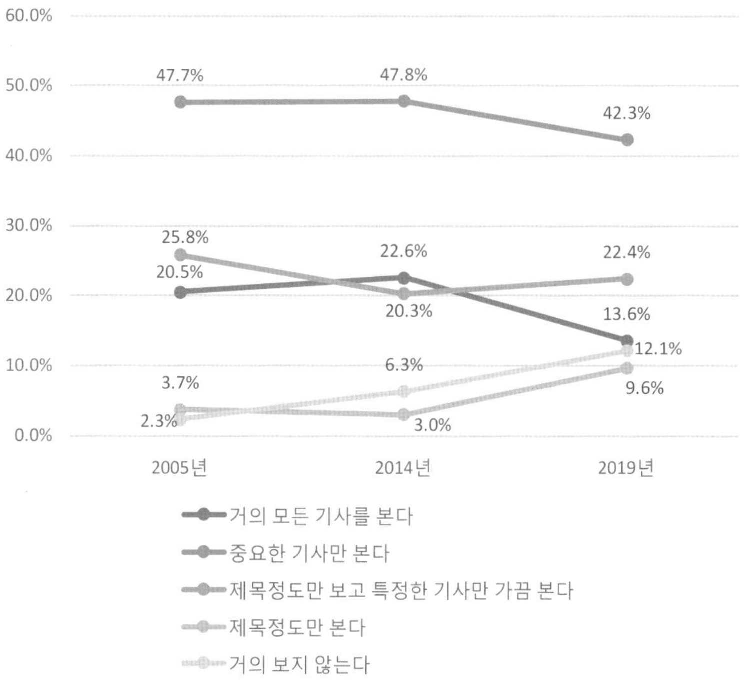


교차분석을 해보면, 연령별로는 연령이 높을수록, 학교 급별로는 고등학교, 중학교, 초등학교 순으로, 성별로는 여성보다 남성이, 가입 시기별로는 오래된 조합원일수록 〈교육희망〉에 대한 관심이 더 높게 나타났다.

2005년과 2014년 조사와 비교해 보면 〈그림 5-8〉에서 보는 바와 같이 〈교육희망〉에 대한 관심이 줄어들었다는 것을 알 수 있다. 게다가 2014년 조사에서는 연령층이 낮고, 가입 시기가 최근일수록 관심이 더 높았으나, 이번 조사에서는 거꾸로 연령층이 높고, 가입 시기가 오래될수록 관심이 더 높게 나타난 것은 좋지 않은 징조로 보인다. 전교조의 장래를 짊어질 젊은 층에서 〈교육희망〉에 대한 관심이 줄어들었기 때문이다.

## 6. 분회와 지회 활동 상황

분회 활동 상황을 보면, 대부분의 학교에서 분회 조직과 활동이 있지만 분회 모임이 없는 경우가 2.1%, 분회 모임은 있으나 분회장이 없는 경우가 1.9%, 분회장은 있지만 분회 모임이 없는 경우가 14.5%로 18.5%의 학교에서 사실상 분회 활동이 이루어지지 않고 있음을 알 수 있다. 또 분회장과 집행부가 구성되어 활동하고 있는 경우는 11.9%에 불과하며, 분회장과 분회 모임이 있기는 하지만 집행부가 구성되어 있지 않은 경우가 69.6%로 압도적으로 많다(〈표 5-18〉). 학교 급별로 중

**〈표 5-18〉 선생님 학교에서는 전교조 분회 활동 상황이 어떠합니까?**

| | | 분회모임이 없고 분회가 구성되어 있지 않다 | 분회모임은 있으나 분회장이 없다 | 분회장은 있지만 분회모임은 없다 | 분회장이 있고 분회모임도 있다 | 분회장과 집행부가 구성되어 활동하고 있다 | 유효 사례수 |
|---|---|---|---|---|---|---|---|
| 급별** | 초등학교 | 2.0% | 0.8% | 17.6% | 70.4% | 9.2% | 253 |
| | 중학교 | 2.6% | 0.5% | 13.8% | 67.3% | 15.8% | 196 |
| | 고등학교 | 1.9% | 4.2% | 11.2% | 71.5% | 11.2% | 217 |
| 전체 | | 2.1% | 1.9% | 14.5% | 69.6% | 11.9% | 670 |

〈표 5-19〉 2~3년 전과 비교하여 선생님이 소속된 지회의 활동력이 어떻습니까?

| | | 전보다 활발해졌다 | 예년과 비슷하다 | 전보다 침체되었다 | 유효 사례수 |
|---|---|---|---|---|---|
| 연령** | 20대 | 17.9% | 67.9% | 14.3% | 29 |
| | 30대 | 11.0% | 75.2% | 13.8% | 109 |
| | 40대 | 14.8% | 56.3% | 28.9% | 280 |
| | 50대 이상 | 11.3% | 56.1% | 32.6% | 241 |
| 급별** | 초등학교 | 14.9% | 64.1% | 21.0% | 251 |
| | 중학교 | 13.5% | 56.3% | 30.2% | 193 |
| | 고등학교 | 9.3% | 58.6% | 32.1% | 218 |
| 성별** | 남 | 7.7% | 59.0% | 33.3% | 184 |
| | 여 | 15.0% | 60.3% | 24.7% | 480 |
| 가입시기** | 합법화 (1999년) 이전 | 11.4% | 55.1% | 33.5% | 185 |
| | 1999~2002년 | 11.5% | 50.3% | 38.2% | 157 |
| | 2003~2007년 | 11.6% | 61.1% | 27.4% | 95 |
| | 2008~2012년 | 19.0% | 66.7% | 14.3% | 42 |
| | 2013년~ | 16.2% | 72.3% | 11.5% | 149 |
| 전체 | | 13.0% | 59.9% | 27.1% | 666 |

학교, 고등학교, 초등학교 순으로 분회 활동이 활발한 것으로 나타났다. 2014년 조사와 비교하면 분회 활동이 큰 차이는 아니지만 약간 떨어진 것으로 나타났다.

'2~3년 전과 비교하여 선생님이 소속된 지회의 활동력이 어떻습니까?'라는 문항에 대하여 2~3년 전보다 더 활발해졌다고 응답한 경우가 13.0%, 더 침체되었다는 응답은 27.1%, 예년과 비슷하다고 응답한 경우가 59.9%로 지회 활동력이 다소 침체된 것으로 느끼고 있다(〈표 5-19〉). 학교 급별로는 고등학교, 중학교 고등학교 순으로 지회 활동력이 떨어졌다고 응답한 비율이 높았다. 그리고 연령이 높고 가입시기가 오래된 조합원일수록, 여성보다 남성이 더 크게 지회 활동력이 떨어졌다고 느끼고 있는 것으로 나타났다.

## 7. 전교조 직책 의향

전교조 조직의 직책 수행 의향은 전교조 활동의 적극성을 가늠하는 지표가 될 수 있다. 먼저 '기회가 주어진다면 전교조의 분회장을 맡을 의향이 있습니까?'라는 문항에 대하여 '기회가 되면 맡겠다'가 8.3%, '사정이 불가피하면 맡겠다'가 21.1%로 맡을 의향이 있는 조합원이 29.4%에 불과한 반면 '별로 맡고 싶은 생각이 없다'가 24.2%, '맡을 생각이 없다'가 46.4%로 다수는 분회장을 맡을 의향이 없는 것으로 나타났다(〈표 5-20〉). 연령층이 낮을수록, 가입시기가 최근일수록 직책을 맡을 의향이 더 없으며, 연령별로는 남성보다 여성이, 학교 급

〈표 5-20〉 기회가 주어진다면 전교조의 분회장을 맡을 의향이 있습니까?

| | | 기회가 되면 맡겠다 | 사정이 불가피하면 맡을 의향이 있다 | 별로 맡고 싶은 생각이 없다 | 맡을 생각이 없다 | 유효 사례수 |
|---|---|---|---|---|---|---|
| 연령** | 20대 | 9.70% | 3.20% | 19.4% | 67.7% | 31 |
| | 30대 | 5.4% | 15.3% | 32.4% | 46.8% | 111 |
| | 40대 | 9.3% | 22.9% | 21.1% | 46.8% | 283 |
| | 50대 이상 | 8.4% | 23.9% | 24.8% | 42.9% | 241 |
| 성별** | 남 | 15.2% | 28.8% | 22.3% | 33.7% | 185 |
| | 여 | 5.6% | 17.9% | 25.2% | 51.3% | 486 |
| 급별** | 초등학교 | 7.1% | 19.0% | 20.6% | 53.4% | 257 |
| | 중학교 | 10.8% | 25.3% | 23.2% | 40.7% | 194 |
| | 고등학교 | 7.9% | 19.2% | 29.9% | 43.0% | 217 |
| 가입시기** | 합법화(1999년) 이전 | 8.1% | 24.3% | 22.7% | 44.9% | 185 |
| | 1999~2002년 | 12.9% | 21.9% | 24.5% | 40.6% | 155 |
| | 2003~2007년 | 8.4% | 29.5% | 27.4% | 34.7% | 95 |
| | 2008~2012년 | 2.40% | 19.00% | 26.2% | 52.4% | 42 |
| | 2013년~ | 6.3% | 12.7% | 24.7% | 56.3% | 158 |
| 전체 | | 8.3% | 21.1% | 24.2% | 46.4% | 673 |

〈표 5-21〉 기회가 주어진다면 전교조의 지회 집행부나 대의원을 맡을 의향이 있습니까?

| | | 기회가 되면 맡겠다 | 사정이 불가피하면 맡을 의향이 있다 | 별로 맡고 싶은 생각이 없다 | 맡을 생각이 없다 | 유효 사례수 |
|---|---|---|---|---|---|---|
| 급별** | 초등학교 | 3.6% | 5.1% | 18.2% | 73.1% | 257 |
| | 중학교 | 4.6% | 11.3% | 28.2% | 55.9% | 195 |
| | 고등학교 | 6.0% | 7.4% | 27.3% | 59.3% | 219 |
| 성별** | 남 | 10.8% | 11.3% | 29.6% | 48.4% | 187 |
| | 여 | 2.3% | 6.4% | 22.0% | 69.2% | 487 |
| 전체 | | 4.7% | 7.7% | 24.1% | 63.6% | 676 |

별로는 초등학교 조합원의 직책 의향이 약한 것으로 나타났다.

지회 집행부나 대의원을 맡을 수 있다는 응답은 분회장보다 더 낮다. '기회가 주어진다면 전교조의 지회 집행부나 대의원을 맡을 의향이 있습니까?'라는 문항에 대하여 '기회가 되면 맡겠다'가 4.7%, '사정이 불가피하면 맡겠다'가 7.7%로 맡을 의향이 있는 조합원이 12.4%에 불과한 반면 '별로 맡고 싶은 생각이 없다'가 24.1%, '맡을 생각이 없다'가 63.6%로 다수는 지회 집행부나 대의원을 맡을 의향이 없는 것으로 나타났다(〈표 5-21〉). 성별로는 여성이, 학교 급별로는 초등학교 조합원의 직책 의향이 약한 것으로 나타났다.

시기별로 보면 분회장이나 지회집행부 및 대의원 직책을 맡을 의향은 일정한 경향성을 보이고 있다. 〈그림 5-9〉과 〈그림 5-10〉에서 보

〈그림 5-9〉 분회장 직책 의향 추이

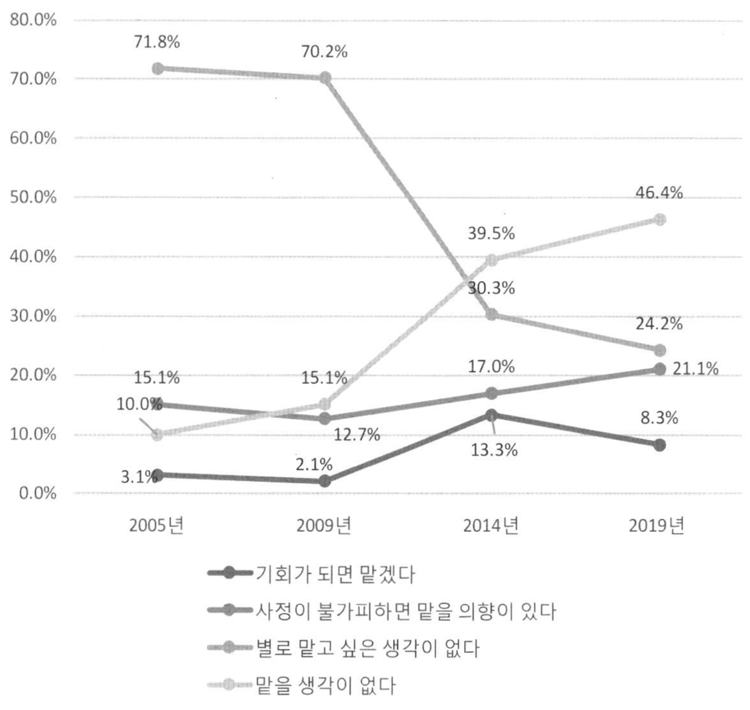


는 바와 같이, 전교조 직책을 맡을 의향이 있는 조합원은 노무현 정부에서 이명박 정부로 가면서 줄어들다가, 박근혜 정부 시기에는 다소 늘어났지만, 문재인 정부 시기에는 다시 줄어들고 있다. 이에 반해 '별로 맡고 싶은 생각이 없다'는 응답이 줄어든 것보다 더 크게 '맡을 생각이 없다'는 응답이 늘어나 전체적으로 직책 의향이 줄어들고 있음을 볼 수 있다. 이러한 현상은 전교조 조직 운영에 부담으로 작용할 것으로 보인다.

〈그림 5-10〉 지회 집행부나 대의원 직책 의향 추이

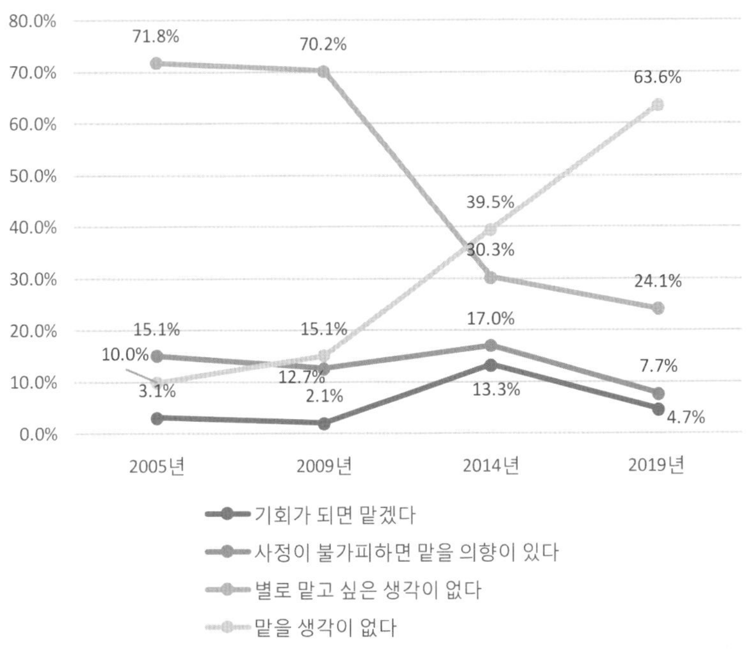


# 8. 소모임 활동

각종 소모임 활동은 분회와 함께 전교조의 조직력을 강화하고 확대하는 데 중요한 역할을 하는 단위이다. 각종 소모임 활동에 참여하고 있는 조합원은 '오래전부터 하고 있다'가 15.0%, '최근에 시작했다'가 10.6%로 25.6%가 소모임 활동에 참여하고 있다(〈표 5-22〉). 연령별로는 20대와 40대의 참여 비율이 높고, 성별로는 남성의 참여 비율이 여성보다 더 높게 나타났다. 2014년 조사에서는 소모임 참여비율이 33.0%였는데 이에 비해 2019년에는 약간 줄어들었다.

〈표 5-22〉 소모임을 하고 계십니까?

| | | 오래전부터 하고 있다 | 최근에 시작했다 | 소모임 활동이 없다 | 유효 사례수 |
|---|---|---|---|---|---|
| 연령** | 20대 | 12.9% | 25.8% | 61.3% | 181 |
| | 30대 | 10.8% | 12.6% | 76.6% | 156 |
| | 40대 | 15.1% | 11.2% | 73.7% | 95 |
| | 50대 이상 | 17.1% | 6.8% | 76.1% | 42 |
| 성별** | 남 | 21.2% | 6.5% | 72.3% | 185 |
| | 여 | 12.7% | 12.0% | 75.3% | 483 |
| 전체 | | 15.0% | 10.6% | 74.5% | 670 |

참여하는 소모임의 종류는 다양한데, 독서모임(8.3%), 교과모임(6.1%) 순으로 참여도가 높게 나타났다(〈표 5-23〉).

〈표 5-23〉 소모임을 하고 있다면 어떤 내용으로 하고 계십니까?

| | 교과 | 주제(도서관, 환경 등) | 학생생활교육 | 혁신학교모임 | 문예(노래, 연극 등) | 2030 | 연구모임 | 독서모임 | 합계 |
|---|---|---|---|---|---|---|---|---|---|
| 빈도 | 41 | 23 | 29 | 28 | 12 | 6 | 26 | 56 | 221 |
| 퍼센트 | 6.1% | 3.4% | 4.3% | 4.2% | 1.8% | 0.9% | 3.9% | 8.3% | 32.9% |

〈그림 5-11〉은 참여하고 있는 소모임을 비교한 것이다. 참여하는 소모임의 단위는 분회 소모임(14.3%), 지회 소모임(6.8%), 지부 소모임

〈그림 5-11〉 참여 소모임 비교

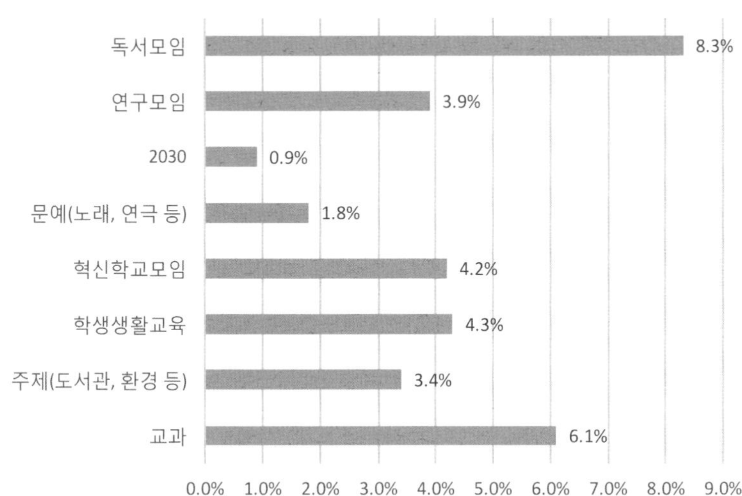


(3.4%), 전국 단위 소모임(2.5%) 순으로 나타났다(〈표 5-24〉).

〈표 5-24〉 소모임은 어느 단위입니까?

| | 분회 소모임 | 지회 소모임 | 지부 소모임 | 전국단위 모임 | 합계 |
|---|---|---|---|---|---|
| 빈도 | 96 | 46 | 23 | 17 | 182 |
| 퍼센트 | 14.3% | 6.8% | 3.4% | 2.5% | 27.0% |

향후 참여 의향이 있는 소모임의 종류를 묻는 질문에 대해서는 독서모임(22.9%), 교과모임(19.2%), 학생생활 교육(13.8%) 순으로 나타났다(〈표 5-25〉).

〈표 5-25〉 기회가 되신다면 어떤 분야의 소모임에 참여하시겠습니까?

| | 교과 | 주제(도서관, 환경 등) | 학생생활교육 | 혁신학교모임 | 문예(노래, 연극 등) | 2030 | 연구모임 | 독서모임 | 소모임에 참여하기 어렵다 | 합계 |
|---|---|---|---|---|---|---|---|---|---|---|
| 빈도 | 129 | 51 | 93 | 66 | 54 | 9 | 43 | 154 | 131 | 730 |
| 퍼센트 | 19.2% | 7.6% | 13.8% | 9.8% | 8.0% | 1.3% | 6.4% | 22.9% | 19.5% | 108.5% |

〈그림 5-12〉 참여 의향 소모임 종류

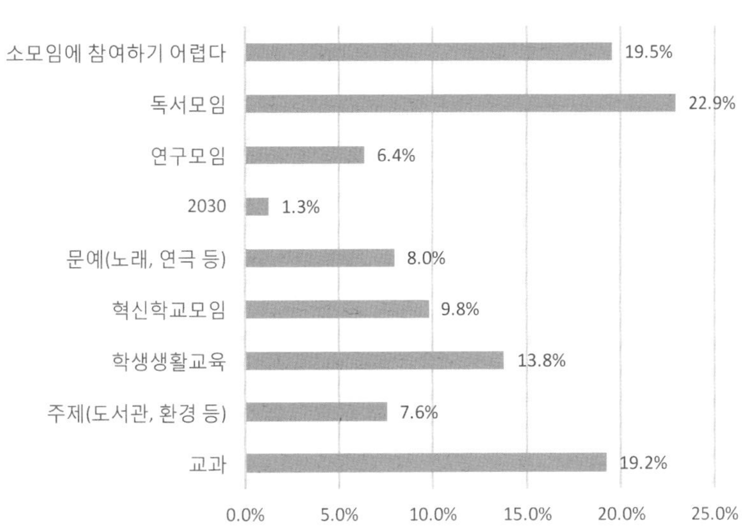


〈그림 5-12〉는 참여 의향이 있는 소모임의 종류를 비교한 것이다.

# 9. 혁신학교

최근 중요한 화두가 되고 있는 혁신학교와 전교조의 관계에 관해 조사했다. 먼저 '혁신학교 운동이 전교조 위상 강화에 도움이 된다'는 문항에 대하여 '매우 그렇다'가 25.3%, '대체로 그렇다'가 49.8%로 75.1%가 긍정적이다. 학교 급별로 초등학교(3.90점), 중학교(3.73점), 고등학교(3.57점) 순으로 긍정적인 응답률이 높았다. (〈표 5-26〉).

〈표 5-26〉 혁신학교 운동은 전교조 위상 강화에 도움이 된다

| | | 평균 | 표준 편차 | 매우 그렇다 | 대체로 그렇다 | 별로 그렇지 않다 | 전혀 그렇지 않다 | 유효 사례수 |
|---|---|---|---|---|---|---|---|---|
| 급별** | 초등학교 | 3.90 | 1.102 | 31.3% | 49.0% | 17.3% | 2.4% | 249 |
| | 중학교 | 3.73 | 1.192 | 28.8% | 44.5% | 24.1% | 2.6% | 191 |
| | 고등학교 | 3.57 | 1.095 | 15.8% | 55.5% | 27.3% | 1.4% | 209 |
| 전체 | | 3.74 | 1.133 | 25.3% | 49.8% | 22.7% | 2.1% | 649 |

'혁신학교가 전교조 조직활성화에 기여한다'는 문항에 대하여 '매우 그렇다'가 21.0%, '대체로 그렇다'가 48.5%로 69.5%가 긍정적이다. 학교 급별로 초등학교(3.76점), 중학교(3.60점), 고등학교(3.35점) 순으로 긍정적인 응답률이 높았다(〈표 5-27〉).

〈표 5-27〉 혁신학교운동은 전교조 조직활성화에 기여한다

| | | 평균 | 표준 편차 | 매우 그렇다 | 대체로 그렇다 | 별로 그렇지 않다 | 전혀 그렇지 않다 | 유효 사례수 |
|---|---|---|---|---|---|---|---|---|
| 급별** | 초등 학교 | 3.76 | 1.146 | 27.1% | 48.6% | 21.9% | 2.4% | 247 |
| | 중학교 | 3.60 | 1.201 | 24.2% | 44.6% | 29.0% | 2.2% | 186 |
| | 고등 학교 | 3.35 | 1.119 | 10.8% | 52.0% | 35.8% | 1.5% | 204 |
| 전체 | | 3.58 | 1.165 | 21.0% | 48.5% | 28.4% | 2.0% | 637 |

혁신학교에 대한 평가는 일관되게 학교 급별로 대학입시와의 거리와 반비례 관계에 있다.

# 10. 전교조의 실천 과제

## 1) 집중 실천 과제

전교조의 당면 실천 과제에 관해 "전교조의 참교육실천강령의 내용입니다. 현시기 가장 집중해서 실천할 내용은 무엇이라고 생각하십니까?"라고 질문하면서 3가지를 선택하라고 요구했다. 여기에 대하여 '더불어 사는 삶을 소중히 여기는 인간상을 추구'가 63.6%로 가장 높았고, '민주주의의 완성과 생활화를 지향하는 교육'(33.1%), '노동의 가

〈그림 5-13〉 집중 실천 과제

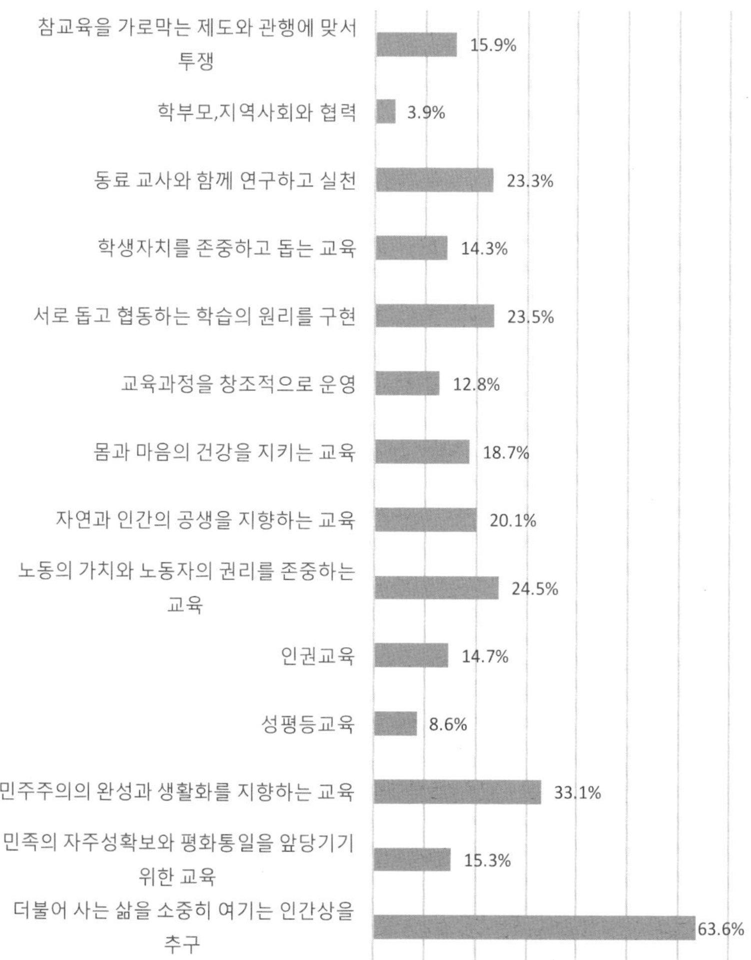


치와 노동자의 권리를 존중하는 교육'(24.5%), '서로 돕고 협동하는 학습의 원리를 구현'(23.5%) '동료 교사와 함께 연구하고 실천'(23.3%)이 뒤를 이었다(〈그림 5-13〉).

### 2) 전교조와 조합원의 소통 방식

전교조와 조합원의 가장 효과적인 소통 방식을 묻는 질문에 대하여 'SNS'라는 응답이 35.5%로 가장 높았고, '직접적인 만남과 모임'이라는 응답이 32.9%, '전화나 문자'가 18.5%인 데 비해, 종이 매체(8.6%)나 이메일(4.6%)은 낮았다. SNS는 젊은 연령층이 선호하고, 종이 매체는 높은 연령층이 상대적으로 더 선호하는 것으로 나타났다(〈표 5-28〉).

〈표 5-28〉 전교조와 조합원 사이에 가장 효과적인 소통 방식은 무엇이라고 생각하십니까?

| | | 종이매체(신문, 선전지, 소식지 등) | 전화나 문자 | 메일(상용메일, 업무메일) | SNS | 직접적인 만남과 모임 | 전체 |
|---|---|---|---|---|---|---|---|
| 연령 | 20대 | 3.1% | 25.0% | | 37.5% | 34.4% | 100.0% |
| | 30대 | 2.7% | 20.9% | 4.5% | 38.2% | 33.6% | 100.0% |
| | 40대 | 7.2% | 19.9% | 4.3% | 36.8% | 31.8% | 100.0% |
| | 50, 60대 | 13.6% | 14.9% | 5.5% | 32.3% | 33.6% | 100.0% |
| 전체 | | 8.6% | 18.5% | 4.6% | 35.5% | 32.9% | 100.0% |

〈그림 5-14〉는 소통 방식의 선호를 연령별로 비교한 것이다.

〈그림 5-14〉 전교조 소통 방식의 선호

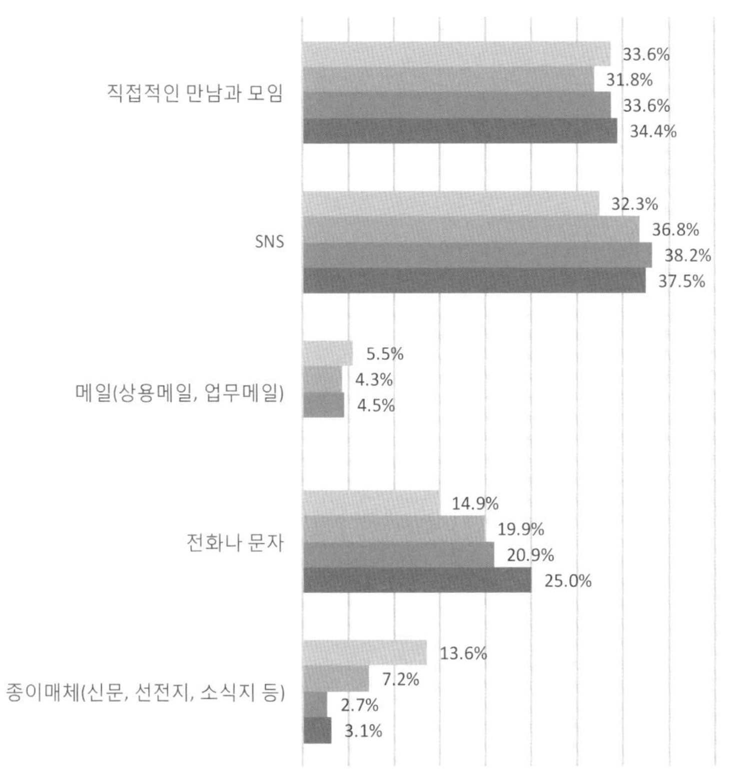


### 3) 청년 교사 조직 방식

전교조 조직 확대와 활성화를 위해 청년 교사들을 조직하는 것이 무엇보다도 중요한 과제이다. '전교조가 청년 교사들을 조직화하기 위해 가장 효과적인 방식은 무엇이라 생각하십니까?'라는 문항에 대하여 두 가지를 선택하도록 요구했다. 이에 대한 응답은 '민주적이고

〈표 5-29〉 전교조가 청년 교사들을 조직화하기 위해 가장 효과적인 방식은 무엇이라 생각하십니까?

| | | 민주적이고 평등한 학교 문화 선도 | 전교조 활동에 대한 대중적 홍보 | 전문성 향상 등을 위한 다양한 연수 배치 | 교사의 기본권, 교육권 확보를 위한 노력 | 임금 인상, 연금 개악 저지 등 경제적 지위 향상 노력 | 사회의 진보적 변화를 위한 다양한 연대 활동의 강화 | 합법화 쟁취, 단협 체결 등 교육현실을 실질적으로 바꿀 수 있는 힘의 확보 | 전체 |
|---|---|---|---|---|---|---|---|---|---|
| 연령 | 20대 | 56.3% | 9.9% | 22.7% | 65.6% | 17.4% | 6.7% | 21.4% | 200.0% |
| | 30대 | 55.5% | 19.2% | 36.7% | 41.5% | 22.1% | 6.4% | 18.5% | 200.0% |
| | 40대 | 56.4% | 10.7% | 14.6% | 14.3% | 1.4% | 1.4% | 1.1% | 200.0% |
| | 50, 60대 | 53.0% | 25.0% | 56.7% | 78.3% | 24.4% | 16.3% | 47.3% | 200.0% |
| 전체 | | 55.0% | 18.1% | 35.6% | 46.5% | 14.6% | 7.9% | 22.6% | 200.0% |

평등한 학교 문화 선도'(55.0%), '교사의 기본권, 교육권  확보를 위한 노력'(46.5%) '전문성 향상 등을 위한 다양한 연수 배치'(35.6%) 순으로 나타났다(〈표 5-29〉).

연령별 교차 분석에서 당사자인 20대와 30대의 응답에 유의할 필요가 있다. '민주적이고 평등한 학교 문화 선도'에 대해서는 모든 연령층에서 응답률이 높지만 큰 차이는 없다. 반면 '교사의 기본권, 교육권 확보를 위한 노력'에서는 20대에서는 65.6%로 매우 높고 30대에서는 41.5%로 그보다는 상대적으로 낮다. 이에 비해 '전문성 향상 등을 위

〈그림 5-15〉 청년 교사 조직 방식에 대한 견해

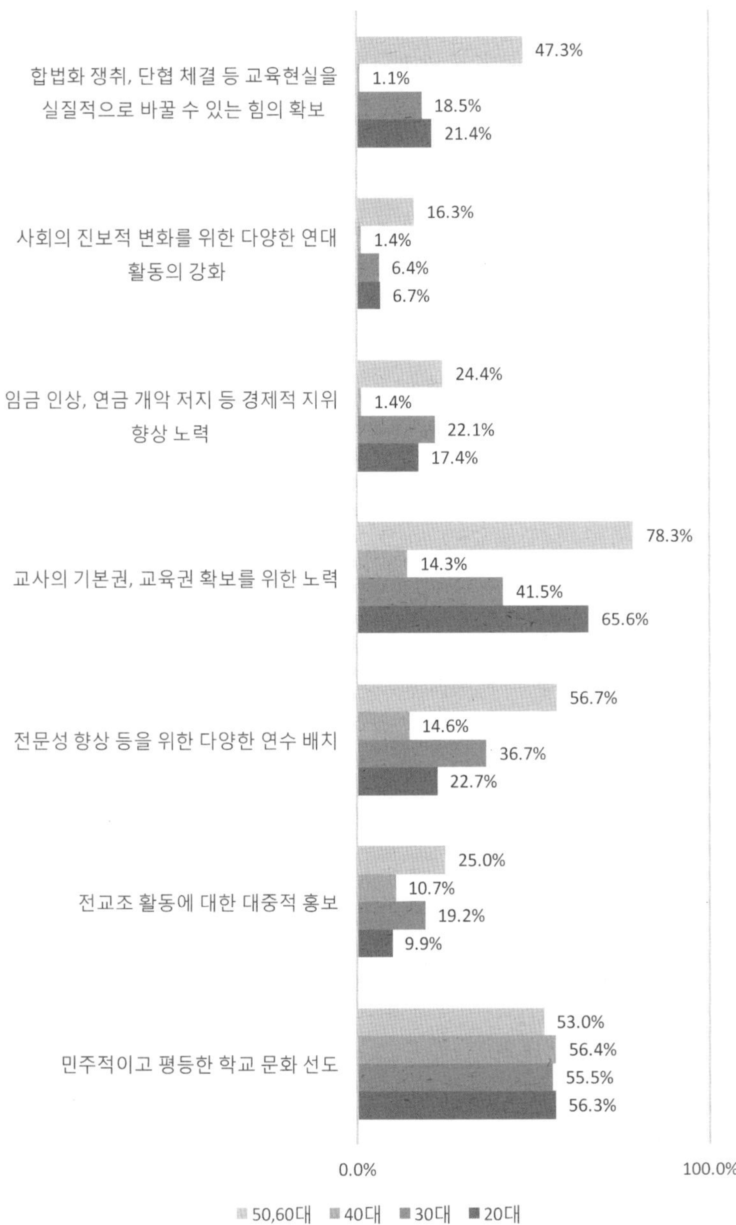

합법화 쟁취, 단협 체결 등 교육현실을 실질적으로 바꿀 수 있는 힘의 확보
47.3%
1.1%
18.5%
21.4%
사회의 진보적 변화를 위한 다양한 연대 활동의 강화
16.3%
1.4%
6.4%
6.7%
임금 인상, 연금 개악 저지 등 경제적 지위 향상 노력
24.4%
1.4%
22.1%
17.4%
교사의 기본권, 교육권 확보를 위한 노력
78.3%
14.3%
41.5%
65.6%
전문성 향상 등을 위한 다양한 연수 배치
56.7%
14.6%
36.7%
22.7%
전교조 활동에 대한 대중적 홍보
25.0%
10.7%
19.2%
9.9%
민주적이고 평등한 학교 문화 선도
53.0%
56.4%
55.5%
56.3%
0.0%
100.0%
50,60대
40대
30대
20대

한 다양한 연수 배치'에서는 거꾸로 30대에서 36.7%로 20대의 22.7%보다 상대적으로 높게 나타났다. 20대 교사는 다소 투쟁적인 반면에 30대 교사는 다소 실용적인 성향을 보이고 있다. 〈그림 5-15〉는 청년 교사 조직방식에 대한 견해를 연령별로 비교한 것이다.

## 11. 소결

조합원의 전교조 신규 가입은 합법화 이후 2003년경에 정점에 이른 후 2013년까지 신규 조합원이 줄어들다가 2013년 이후 약간 증가했지만, 2016년 이후에는 퇴직으로 인한 조합원 감소에 신규 조합원이 가입이 약간 못 미쳐 다소 감소하고 있는 추세이다. 2013년 이후 가입한 조합원 가운데 30대가 다수를 차지하지만 40대도 상당수 있는 것은 고무적이다. 하지만 여전히 1999년 합법화 이전에 가입한 조합원이 28.8%에 이르고 있어 앞으로 이들의 퇴직을 대체할 신규 조합원의 충원이 중요한 과제라고 생각된다.

조합원으로 가입한 계기는 '평소 소신'을 제쳐 둔다면 단연 '동료나 선후배 교사들의 권유'가 중요한 계기로 작용하고 있음을 알 수 있다. 특히 젊은 층일수록 동료나 선후배 교사의 권유가 중요한 계기로 작용하는 만큼 조합원 확대를 위해서는 불특정 다수를 겨냥한 신규 조합원 모집 방법보다는 기존 조합원들이 행사, 집회, 소모임 등 여러 계기를 이용하여 1대 1로 가입을 권유하는 방법이 가장 효과적인 것으로 생각된다.

전교조의 활동 참여는 주로 분회 활동과 교사 서명이나 선언 참여가 주를 이루고 지회나 지부, 전국 행사 참여는 매우 저조한 편이다. 시기별 추이를 보면 2005년보다 2009년에 참여도가 떨어지다가 2014년에는 일제히 올라가고 다시 2019년에는 떨어지는 경향을 보이고 있다. 합법화 이후 몇 년간 조합원 확대 등 전교조 활동이 활발하다가 2000년대 중반부터 침체되었으나, 박근혜 정부 때 극심한 탄압에 대응한 투쟁이 전개되어 활동이 활발하다가 법외노조 문제가 해결되지 않아 다시 침체된 것이라고 볼 수 있다.

조합원들은 다수가 자신의 삶에 전교조가 도움이 된다고 생각하고 있다. 또한 전교조에 도움을 받기를 원하는 정도는 상당히 높게 나타났다. 2014년 조사와 비교해 보면 '교육활동에 필요한 자료'나 '교육활동을 위한 연수' 등 모든 항목에서 조합원의 요구가 더 커진 것으로 나타났다. 2014년에 비해 전교조의 활동에 대한 평가는 떨어진 데 반해 전교조에 대한 요구가 증가한 것은 주목할 만한 일이다. 전교조 신문 〈교육희망〉에 대한 관심은 여전히 높은 편이지만, 젊은 층에서 관심이 이전보다 떨어지고 있다는 것에 주목할 필요가 있다.

분회활동과 지회 활동력은 모두 2014년 조사에 비해 다소 떨어진 것으로 나타났다. 전교조의 하부 토대라고 할 수 있는 분회와 지회의 활동력을 복원하는 것이 최대의 조직적 과제라고 생각된다. 전교조 직책을 맡겠다는 의향을 가진 조합원 비율도 2009년에 비해 2014년에는 다시 회복되었으나 2019년 조사에서는 다시 떨어지고 있다. 특히 '별로 맡고 싶은 생각이 없다'는 조합원이 줄어든 대신, '맡을 생각이 없다'는 조합원이 급격히 증가한 것에 주목할 필요가 있다.

다양한 소모임 활동 가운데 독서모임과 교과모임에 참여하는 비율과 앞으로 참여하고 싶은 비율이 상대적으로 높다. 2014년 조사에 비해 소모임에 참여하는 조합원 비율은 약간 떨어진 것으로 나타났다.

혁신학교에 대한 평가는 상당히 긍정적이다. 다수의 조합원들은 혁신학교가 전교조의 위상 강화에 도움이 되고 있으며 전교조 조직의 활성화에도 기여하는 것으로 보고 있다. 특히 대학입시와 거리가 먼 초등학교, 중학교, 고등학교 순으로 혁신학교에 대한 긍정적 평가가 높게 나타났다.

조합원들은 전교조의 당면 실천 과제로 집중해야 할 것으로 '더불어 사는 삶을 소중히 여기는 인간상을 추구', '민주주의의 완성과 생활화를 지향하는 교육', '노동의 가치와 노동자의 권리를 존중하는 교육' 순으로 꼽았다. 전교조와 조합원의 가장 효과적인 소통 방식은 'SNS'와 '직접적인 만남과 모임'이라는 응답이 압도적으로 많았다. 청년 교사의 조직 방식으로는 '민주적이고 평등한 학교 문화 선도', '교사의 기본권, 교육권  확보를 위한 노력', '전문성 향상 등을 위한 다양한 연수 배치' 순으로 나타났다.

교사의 사회의식 변화:
2005-2009-2014-2019

초판 1쇄 발행 2020년 4월 25일

지은이 정진상
펴낸이 강수걸
편집장 권경옥
편집 박정은 강나래 윤은미 이은주
디자인 권문경 조은비
펴낸곳 산지니
등록 2005년 2월 7일 제333-3370000251002005000001호
주소 부산시 해운대구 수영강변대로 140 BCC 613호
전화 051-504-7070 | 팩스 051-507-7543
홈페이지 www.sanzinibook.com
전자우편 sanzini@sanzinibook.com
블로그 http://sanzinibook.tistory.com

ISBN 978-89-6545-655-1 93330

* 책값은 뒤표지에 있습니다.
* 이 도서의 국립중앙도서관 출판예정도서목록(CIP)은 서지정보유통지원시스템 홈페이지(http://seoji.nl.go.kr)와 국가자료공동목록시스템(http://www.nl.go.kr/kolisnet)에서 이용하실 수 있습니다. (CIP 제어번호: CIP2020015858)

:: 산지니가 펴낸 책 ::

## 정치 · 사회

**노회찬에서 전태일까지: 청년들에게 들려주는 한국 진보정치사** 이창우 지음
**김일성과 박정희의 경제전쟁** 정광민 지음
**빅브라더에 맞서는 중국 여성들** 리타 홍 핀처 지음 | 윤승리 옮김
**21세기 마르크스 경제학** 정성진 지음
**정전(正戰)과 내전** 오오타케 코지 지음 | 윤인로 옮김
**헌법과 정치** 카를 슈미트 지음 | 김효전 옮김
**내러티브와 장르: 미디어 분석의 핵심 개념들** 닉 레이시 지음 | 임영호 옮김
**사람 속에 함께 걷다** 박영미 지음
**나는 개성공단으로 출근합니다** 김민주 지음
**저는 비정규직 초단시간 근로자입니다** 석정연 지음 ***2020 한국출판산업진흥원 책나눔위원회 2월의 추천도서**
**싸움의 품격** 안건모 지음 ***2019 한국출판문화산업진흥원 출판콘텐츠 창작 지원 선정도서**
**다시 시월 1979** 10.16부마항쟁연구소 엮음
**골목상인 분투기** 이정식 지음
**한국의 헌법학 연구** 김철수 엮음
**그림 슬리퍼: 사우스 센트럴의 사라진 여인들** 크리스틴 펠리섹 지음 | 이나경 옮김 ***2019년 서울국제도서전 여름 첫 책 선정도서**
**대학과 청년** 류장수 지음
**CEO사회** 피터 블룸·칼 로즈 지음 | 장진영 옮김
**도시는 정치다** 윤일성 지음
**국가폭력과 유해발굴의 사회문화사** 노용석 지음 ***2019 세종도서 우수학술도서**
**중국 경제법의 이해** 김종우 지음
**세상에 나를 추천하라** 정광위 지음 | 곽규환·한철민 옮김
**독일 헌법학의 원천** 카를 슈미트 외 지음 | 김효전 옮김 ***2018 세종도서 우수학술도서**
**폴리아모리: 새로운 사랑의 가능성** 후카미 기쿠에 지음 | 곽규환·진효아 옮김
**선택: 진보로 부산을 새롭게 디자인하자** 현정길 지음
**사람 속에서 길을 찾다** 박영미 지음 ***2018 세종도서 우수교양도서**
**당당한 안녕: 죽음을 배우다** 이기숙 지음
**거리 민주주의: 시위와 조롱의 힘** 스티브 크로셔 지음 | 문혜림 옮김

**라틴아메리카 흑인 만들기** 차경미 지음

**영화로 만나는 동아시아: 패권주의와 다문화** 백태현 지음 ***2017 세종도서 우수교양도서**

**전쟁범죄란 무엇인가** 후지타 히사카즈 지음 | 박배근 옮김 ***한국출판문화산업진흥원 우수콘텐츠 선정도서**

**계급 이해하기** 에릭 올린 라이트 지음 | 문혜림·곽태진 옮김

**중국 민족주의와 홍콩 본토주의** 류영하 지음 ***2016 홍콩 판권 수출**

**베트남 전쟁의 유령들** 권헌익 지음 | 박충환·이창호·홍석준 옮김 ***제12회 경암학술상 인문사회 부문 수상**

**지역사회와 민주주의를 말하다** 부길만 지음

**라틴아메리카의 과거청산과 민주주의** 노용석 지음

**동중국해 문화권의 민가** 윤일이 지음

**바이마르 헌법과 정치사상** 헤르만 헬러 지음 | 김효전 옮김 ***2017 대한민국학술원 우수도서**

**아메리칸 히로시마** 데이비드 J. 디오니시 지음 | 정성훈 옮김

**들어라 미국이여** 피델 카스트로 지음 | 강문구 옮김

**이데올로기와 미국 외교** 마이클 H. 헌트 지음 | 권용립·이현휘 옮김 ***2010 시사인 올해의 책**

**추락하는 제국** 워런 코헨 지음 | 김기근 옮김

**하이재킹 아메리카** 수전 조지 지음 | 김용규·이효석 옮김

**수전 조지의 Another world** 수전 조지 지음 | 정성훈 옮김

**팔루자 리포트** 빙 웨스트 지음 | 이종삼 옮김

**만들어진 점령서사** 조정민 지음

**르포, 절망의 일본열도** 가마타 사토시 지음 | 김승일 옮김

**폭력** 우에노 나리토시 지음 | 정기문 옮김

**우리 옆의 약자** 이수현 지음

**나는 시의회로 출근한다** 김영희 지음

**진보와 대화하기** 김석준·김외숙·송성준 지음 | 이광수 엮음 ***2006 문화관광부 우수학술도서**

**만화로 보는 노무현 시대** 이창우 글·그림

**범죄의 재구성** 곽명달 지음

**절망사회에서 길 찾기** 현장 편집부 엮음

**차이나 인사이트** 김동하 외 지음

**글로벌 차이나** 이종민 지음

**21세기 중국! 소통과 뉴트렌드** 공봉진 외 지음

**변방이 중심이 되는 동북아 신 네트워크** 이창주 지음

**여성학 이메일 수업** 김선경 지음

이주민과 함께 살아가기 이주노동자와 연대하는 전일본 네트워크 지음 | 이혜진·이한숙 옮김
*2007 한국간행물윤리위원회 청소년도서

미국 대학의 힘 목학수 지음 *2014 한국출판문화산업진흥원 청소년도서 *2014 한국연구재단 우수저서

공학자의 눈으로 본 독일 대학과 문화 목학수 지음

문제는 교육이야 김석준 지음

부산언론사 연구 채백 지음 *2013 대한민국학술원 우수도서 *2013 한국언론학회 학술상

부산화교의 역사 조세현 지음

부산의 오늘을 묻고 내일을 긷다 장지태 지음

부울경은 하나다 강병중 지음

반송사람들 고창권 지음

대천마을, 사진을 꺼내 들다 맨발동무도서관 엮음

우리가 만드는 문화도시 문화도시네트워크 지음

귀농, 참 좋다 장병윤 지음

폐교, 문화로 열리다 백현충 지음

수다, 꽃이 되다 임숙자 엮음 | 백복주 사진

SNS시대 지역신문기자로 살아남기 김주완 지음

현미경으로 들여다본 한국사회 정영인 지음

촌기자의 곧은 소리 장동범 지음 | 안기태 그림

사람이 희망이다 : 파워인터뷰 42 손정호 지음

## 환경

해오리 바다의 비밀 조미형 지음 | 박경효 그림 *2019 한국문화예술위원회 문학나눔 선정도서

습지 그림일기 박은경 글 · 그림 *2018 대한출판문화협회 청소년교양도서

지리산 아! 사람아 윤주옥 지음

촌놈 되기: 신진 시인의 30년 귀촌 생활 비록 신진 산문집

보약과 상약 김소희 지음

2℃: 기후변화 시대의 새로운 이정표 김옥현 지음

해운대 바다상점 화덕헌 지음 *2018 환경부 우수환경도서

기후변화와 신사회계약 김옥현 지음 *2015 학교도서관저널 추천도서

시내버스 타고 길과 사람 100배 즐기기 김훤주 지음 *2014 환경부 우수환경도서
* 2012 문화관광부 우수교양도서

황금빛 물고기 김규정 글·그림 * 2013 학교도서관저널 추천도서 * 2013 문화관광부 우수교양도서

아파트키드 득구 이일균 지음 *2012 환경부 우수환경도서

**강수돌 교수의 나부터 마을혁명** 강수돌 지음 ***2010 환경부 우수환경도서**
**습지와 인간** 김훤주 지음 ***2008 환경부 우수환경도서**
**한반도 환경대재앙 샤샤댐** 진재운 지음 ***2008 환경부 우수환경도서**
**백두산에 묻힌 발해를 찾아서** 진재운 지음
**도시, 변혁을 꿈꾸다** 정달식 지음 ***지역신문발전위원회 지원도서**

## 문학

**나도 나에게 타인이다** 소진기 에세이
**우아한 여행** 박미희 지음
**나는 개성공단으로 출근합니다** 김민주 지음
**저는 비정규직 초단시간 근로자입니다** 석정연 지음 ***2020 한국출판산업진흥원 책나눔위원회 2월의 추천도서**
**오전을 사는 이에게 오후도 미래다** 이국환 지음 ***2020 원북원부산 올해의책 *2019 12월 국립중앙도서관 사서추천도서**
**베를린 육아 1년** 남정미 지음
**유방암이지만 비키니는 입고 싶어** 미스킴라일락 지음
**내가 선택한 일터, 싱가포르에서** 임효진 지음 ***2020 한국출판산업진흥원 청소년 북토큰 지원사업 선정도서**
**내일을 생각하는 오늘의 식탁** 전혜원 지음
**보약과 상약** 김소희 지음
**닥터 아나키스트** 정영인 지음
**나뭇잎 칼** 양민주 지음
**일기 여행** 말린 쉬위 지음 | 김창호 옮김 ***2019 세종도서 우수교양도서**
**시로부터** 최영철 에세이
**엔딩 노트** 이기숙 지음
**모바일만 들고 떠나는 중국 남방도시 여행** 이중희 지음
**홍콩 산책** 류영하 지음 ***2019 한국문화예술위원회 문학나눔 선정도서**
**우리들은 없어지지 않았어** 이병철 에세이 ***2019 한국문화예술위원회 문학나눔 선정도서**
**부산 탐식 프로젝트** 최원준 지음
**그날이 올 때까지** 김춘복 에세이 ***2018 한국문화예술위원회 문학나눔 선정도서**
**다독이는 시간** 김나현 에세이 ***2019 문정 수필문학상 수상도서**
**시인의 공책** 구모룡 에세이 ***2018 한국문화예술위원회 문학나눔 선정도서**
**동네 헌책방에서 이반 일리치를 읽다** 윤성근 지음 ***2018 한국문화예술위원회 문학나눔 선정도서**

**습지 그림일기** 박은경 글 · 그림 ***2018 대한출판문화협회 청소년교양도서**

**이렇게 웃고 살아도 되나** 조혜원 지음 ***2018 한국문화예술위원회 문학나눔 선정도서**

**을숙도, 갈대숲을 거닐다** 이상섭 에세이 ***2018 한국문화예술위원회 문학나눔 선정도서**

**촌놈 되기: 신진 시인의 30년 귀촌 생활 비록** 신진 산문집

**지리산둘레길 그림편지** 이호신 그림 | 이상윤 글

**산골에서 혁명을** 박호연 에세이 ***2018 한국문화예술위원회 문학나눔 선정도서**

**The Wonderful Story Club** 박신지 지음

**구텐탁, 동백 아가씨** 정우련 에세이

**500파운드와 자기만의 방** 정문숙 지음

**이니스프리, 그 이루지 못한 꿈** 김완희 지음

**지리산 아! 사람아** 윤주옥 지음

**삐딱한 책읽기** 안건모 지음 ***2017 세종도서 우수교양도서**

**초월명상과 기 수련** 김노환 지음

**지역에서 행복하게 출판하기** 강수걸 외 지음 ***2015 출판문화산업진흥원 우수출판콘텐츠 선정도서**

**귀농 참 좋다** 장병윤 지음

**그 사람의 풍경** 화가 김춘자 산문집 ***2017 세종도서 문학나눔 선정도서**

**기차가 걸린 풍경** 나여경 여행산문집 ***2013 문화예술위원회 우수문학도서**

**길 위에서 부산을 보다** 부산 스토리텔링북 | 임회숙 지음

**감천문화마을 산책** 임회숙 지음

**이야기를 걷다** 조갑상 지음 ***2006 문화예술위원회 우수문학도서**

**불가능한 대화들** 염승숙 외 18인 지음 ***2011 문화체육관광부 우수교양도서**

**불가능한 대화들 2** 정유정 외 15인 지음

**문학을 탐하다** 최학림 지음 ***2013 부산문화재단 우수도서**

**모녀 5세대** 이기숙 지음 ***2015 한국출판문화산업진흥원 청소년 권장도서**

**나는 나** 가네코 후미코 옥중 수기 | 가네코 후미코 지음 | 조정민 옮김

**짬짜미, 공모, 사바사바** 최문정 지음

**동백꽃, 붉고 시린 눈물** 최영철 산문집 ***2008 문화예술위원회 우수문학도서**

**의술은 국경을 넘어** 나카무라 테츠 지음 | 아시아평화인권연대 옮김

**북양어장 가는 길** 미시적 사건으로서의 1986~1990년 북태평양어장 | 최희철 지음

**히말라야는 나이를 묻지 않는다** 이상배 지음

**지하철을 탄 개미** 김곰치 르포산문집 ***2011 한국도서관협회 우수문학도서**

**나의 아버지 박판수** 안재성 지음

**신불산** 빨치산 구연철 생애사 | 안재성 글 · 구연철 구술

**유쾌한 소통** 박태성 지음

**늙은 소년의 아코디언** 김열규 산문집 ***2012 한국도서관협회 우수문학도서**

**현재는 이상한 짐승이다** 전성욱 지음

**아버지의 구두** 양민주 수필집 ***2015 원종린 수필문학상 작품상**

**우리는 행복하기 위해 세상에 왔다** 구정회 산문집

**봄날에 만난 아름다운 캠퍼스** 목학수 지음

**브라보 내 인생** 손문상 화첩 산문집

**유배지에서 쓴 아빠의 편지** 박영경 지음

**길에게 묻다** 동길산 산문집

**미완의 아름다움** 이상금 산문집 ***2009 문화체육관광부 우수교양도서**

**김석준, 부산을 걷다** 김석준 지음 | 화덕헌 사진

**석당 일기** 석당 정재환 지음

**왜 사느냐고 묻거든** 박병곤 칼럼집

**랄랄라 책** 책으로 성장하는 청춘의 모습 | 책 읽는 청춘 지음

**저승길을 물어서 간다** 박선목 수필집

## 인문 교양

**자치분권 시대의 로컬미학** 임성원 지음

**깨달음** 김종의 지음

**공자와 소크라테스: 동서 정치사상의 기원** 이병훈 지음

**저항의 도시, 타이베이를 걷다** 왕즈홍 외 지음 | 곽규환 외 옮김 *2016 대만 문화부 번역출판 지원사업 선정도서

**탈학습, 한나 아렌트의 사유방식** 마리 루이제 크노트 지음 | 배기정·김송인 옮김

**가상현실 시대의 뇌와 정신** 서요성 지음 ***제34회 한국과학기술도서상 수상 *2016 세종도서 우수학술도서**

**고슴도치 시대의 여우** 조규형 지음 ***2016 한국영어영문학회 YBM저술상 수상도서**

**사포의 향수** 주세페 스퀼라체 지음 | 김정하 옮김

**중국 민족주의와 홍콩 본토주의** 류영하 지음

**한 권으로 읽는 중국문화** 공봉진·이강인·조윤경 지음 ***2010 문화체육관광부 우수학술도서**

**한나 아렌트와 마틴 하이데거** 엘즈비에타 에팅거 지음 | 황은덕 옮김

**진화와 윤리** 토마스 헉슬리 지음 | 이종민 옮김

**파멸의 묵시록** 에롤 E. 해리스 지음 | 이현휘 옮김

**표절의 문화와 글쓰기의 윤리** 리처드 앨런 포스너 지음 | 정해룡 옮김

**동양의 이상** 오카쿠라 텐신 지음 | 정천구 옮김

**차의 책** 오카쿠라 텐신 지음 | 정천구 옮김

**침묵의 이면에 감추어진 역사** 우르와쉬 부딸리아 지음 | 이광수 옮김

**빼앗긴 사람들** 우르와시 부딸리아 편저

**인도의 두 어머니, 암소와 갠지스** 김경학·이광수 지음

**무상의 철학** 타니 타다시 지음 | 권서용 옮김

**재미있는 사찰 이야기** 한정갑 지음

**대한민국 명찰답사33** 한정갑 지음

**불교와 마음** 황정원 지음

**한국의 사랑채** 윤일이 지음

**제갈량과 21세기 동양적 혁명을 논하다** 유원표 지음 | 이성혜 옮김

**맹자독설** 정천구 지음

**삼국유사, 바다를 만나다** 정천구 지음

**한비자, 제국을 말하다** 정천구 지음

**논어, 그 일상의 정치** 정천구 지음

**중용, 어울림의 길** 정천구 지음

**맹자, 시대를 찌르다** 정천구 지음

**한비자** 한비 지음 | 정천구 옮김

**대학, 정치를 배우다** 정천구 지음

**논어** 김영호 지음

**사람 다치지 않았느냐** 윤현주 지음

**고전시가, 사랑을 노래하다** 황병익 지음

**부채의 운치** 저우위치 지음 | 박승미 옮김

**차의 향기** 리우이링 지음 | 이은미 옮김

**요리의 향연** 야오웨이쥔 지음 | 김남이 옮김

**도서관 인물 평전** 이용재 지음

**최성묵 평전** 차성환 지음

**발트3국에 숨겨진 아름다움과 슬픔** 이상금 지음

**에스토니아어 알기와 공부하기** 이상금·허남영·성지혜 지음

**브라질 광고와 문화** 이승용 지음

**브라질 흑인의 역사와 문화** 이광윤 지음

**사막의 기적?** 조경진 지음 ***2015 대한민국학술원 우수도서**

**라틴아메리카의 과거청산과 민주주의** 노용석 지음

**멕시코를 맛보다** 최명호 지음
**여러 겹의 시간을 만나다** 구경모·서성철·안태환·정이나·차경미 지음
**로마인 이야기** 찰스 스완 편저 | 장지연 옮김
**지중해의 영화** 박은지 지음
**지중해 다문화 문명** 김정하 지음
**시칠리아 풍경** 아서 스탠리 리그스 지음 | 김희정 옮김
**지중해 문화를 걷다** 부산외국어대학교 지중해지역원 지음
**지중해 언어의 만남** 윤용수·최춘식 지음 ***2015 세종도서 우수교양도서**
**지역에서 행복하게 출판하기** 강수걸 외 지음 ***2015 출판문화산업진흥원 우수출판콘텐츠 제작지원 선정도서**
**역사의 블랙박스, 왜성 재발견** 신동명·최상원·김영동 지음
**라틴아메리카 원주민의 어제와 오늘** 구경모 외 지음
**마닐라 갤리온 무역** 서성철 지음
**영화 열정** 리차드 라우드 지음 | 임재철 옥미나 옮김
**영화 프로듀서 매뉴얼** 박대희 유은정 어지연 지음
**패션, 영화를 스타일링하다** 진경옥 지음 ***2016 세종도서 우수교양도서 *2016 부산문화재단 우수도서**
**패션, 영화를 디자인하다** 진경옥지음
**한국 근대 서화의 생산과 유통** 이성혜 지음
**공공미술, 도시의 지속성을 논하다** 구본호 지음 ***2014 한국연구재단 우수저서**
**일상의 몸과 소통하기** 강미희 지음
**미학, 부산을 거닐다** 임성원 지음
**진짜 같은 가짜, 가짜 같은 진짜** 신옥진 지음
**생명건축, 그 아름다운 원풍경** 백승완 지음
**청중의 발견** 김창욱 지음
**영화로 만나는 현대중국** 곽수경 외 9인 지음
**신문화지리지** 김은영 외 지음
**도시, 변혁을 꿈꾸다** 정달식 지음